世间所有流浪，都抵不过深情

三毛传

申圣云 著

四川文艺出版社

图书在版编目（CIP）数据

世间所有流浪，都抵不过深情：三毛传 / 申圣云著
. —成都：四川文艺出版社，2020.8
ISBN 978-7-5411-5688-5

Ⅰ. ①世… Ⅱ. ①申… Ⅲ. ①三毛（1943-1991）—
传记 Ⅳ. ①K825.6

中国版本图书馆CIP数据核字（2020）第059797号

SHIJIAN SUOYOU LIULANG, DOU DI BU GUO SHENQING: SANMAO ZHUAN

世间所有流浪，都抵不过深情：三毛传

申圣云 著

出品人 张庆宁
策划出品 青梅树下
责任编辑 邓 敏
责任校对 汪 平

出版发行 四川文艺出版社（成都市槐树街2号）
网 址 www.scwys.com
电 话 028-86259287（发行部） 028-86259303（编辑部）
传 真 028-86259306

邮购地址 成都市槐树街2号四川文艺出版社邮购部 610031
印 刷 河北鹏润印刷有限公司
成品尺寸 145mm × 210mm 开 本 32开
印 张 8.5 字 数 150千
版 次 2020年8月第一版 印 次 2020年8月第一次印刷
书 号 ISBN 978-7-5411-5688-5
定 价 46.00元

序 | 她是一阵做客人间的风

生命的本来面目，是什么样子的呢？

曾有一个人并非为这个世界而来，所以走的时候，也并不改变这个世界。她仿佛一阵穿过弄堂的、有故事的风，等你想抓住她的时候，早已看不见她。你看似拥有她，却又无法拥抱她；看似懂得她，却又无法捉摸她。

她是三毛，是陈平，是一块透过生命折射红尘的无色水晶。来来往往红尘间，她不过是人世的访客。

她是一个不存在的存在。

人活一世，大抵总是这样几种姿态：融于世界，溶于世界，容于世界。

三毛，并不是以上任何一种，她自己就是一个世界，正所谓“须弥藏芥子，芥子纳须弥”。

三毛这块水晶，如切如磋，如琢如磨，从内里到棱角，都不染纤尘。她来，将爱恨照给人看；她走，将悲欢透给人瞧。她生得完整，死得自由，像一阵风，在天地之间来去自如，留下一个永恒的传奇。

三毛的文风经常被人拿来讨论，是散文而非散文，似小说而非小说，那些真实性一次次被放在评论者个人的天平上衡量，最终因为作者本人的不在乎而不得结果。她常说自己是在写故事，身边的真实风景和人事也因她一直不自觉地践行自己的使命而展露于世人眼前——像一朵偶入人间的雪花，晶莹剔透，折射出世间百态。她浸染其中时，全情投入，未觉五味杂陈；走完人间一遭后，便顿感世情繁杂。

她是一本穿行于尘世河流、被天地赠予岁月的情书，所以她以沙漠为故乡，却又向往大海——毕竟沙漠是死去的海洋。

大海带走了她那颗心，她亦无怨怼。只因她太清楚，那是指引归途的航标。

三毛对世情看得最为通透，因而乐于离群索居。她浅得容不下污垢，又深得可盛下深情，心知易碎的骨骼经不起世人敲打，又主动供人品评。她不喜欢被人们当作标本来剖析，却也能坦然接受不同的议论。三毛放得下，也爱得起。等她自知满溢了，她就勇敢地摔碎了自己。

如果将三毛的文字视为滚滚红尘倾泻的出口，瀑布般尽情展露给人看，读者们亦可将现下的解读与或许荒谬的判断，作为对其潇洒、孤寂而纯净的人生的羡慕。

在三毛的遗作、剧本《滚滚红尘》之中，读者终于发觉永远失去韶华的能才，是这样的结局："中国大地在茫茫白雪中出现，衬着孤单单的能才踽踽独行，没有了方向——"

滚滚红尘之中，一个人的爱恨多么微不足道！如同时光的车轮无情地碾轧过蝼蚁。对于死亡，三毛何尝不是如此看待呢？

故事总会有一个结尾。那么，人生呢？

世间所有流浪，

都抵不过深情

三毛传

目录

Contens

Chapter 01

开尽梨花春又来

Chapter 02

极乐鸟，你好吗

Chapter 03
送你一匹独角马

Chapter 04
谁还在等我

Chapter 05
生命是辗转的轮回

Chapter 06
人生何处不相逢

Chapter 01

开尽梨花春又来

小小的三毛是多么大胆，又多么聪慧，总能将白开水一样普通的日子活出精彩的滋味，仿佛等不及打扮一番便登上凡尘的舞台，迫不及待地出演一幕幕鲜活的奇遇记。

她还在探索，在品尝，会在浸润了爱恨之后，演绎自己的故事。

烽火中的飘萍

真正的快乐，不是狂喜，亦不是苦痛，在我很主观的来说，它是细水长流，碧海无波，在芸芸众生里做一个普通的人，享受生命一刹间的喜悦，那么我们即使不死，也在天堂里了。

——三毛《雨季不再来》

1943 年春天，国民政府的“陪都”重庆还笼罩在烽烟之中。

此时，日军在太平洋的战局已明显落于下风。为了抽调兵力支援东南亚战场，日本驻中国派遣军司令冈村宁次下达命令，对中国内陆地区进行大规模进攻。

在猝不及防的炮火声中，陈嗣庆的二女儿出生了。这一天，是

3 月 26 日。

做律师的父亲对这个出生在春天的女儿寄予了莫大的希望，给她取名“懋平”，表达了他对整个民族脱离苦难的期盼——“愿这个世界再也没有战争”。然而，他没有想到，这个后来被称作“奇女子”的女儿没能成就什么惊天伟业，反而因太通透敏感，一生都在坎坷中挣扎，最终以早亡的方式与命运达成和解。

战争年代，每一步都是在生死边缘游走。1940 年，三毛的母亲缪进兰在上海生下大女儿陈田心后，在父母的劝说下，千里迢迢赶赴重庆与丈夫团聚。1943 年是“重庆大轰炸”的最后一个年头，对三毛来说，却是人世生活的第一年（在张乐平的回忆中，三毛自称出生于 1945 年，其实这是为了读书改了年龄）。

在三毛的姐姐陈田心的回忆中，重庆的生活是这样的：“小时候对日本人丢炸弹的印象最深刻。那时妈妈抱着陈平，牵着我，往防空洞里挤，声音好大、好清楚，里面都是人。空袭结束，很多人没躲进去就这样没有了；家里的院子还被炸出个大洞。三毛也是，我们对小时候逃难的事记得特别清楚。”①

---

① 引自《三毛1943—1991》，师永刚、陈文芬、沙林编著，北京：作家出版社，2011年版。

轻描淡写的几行字，却真实地表现出当时的惊险：跑、躲、挤、挣扎、奔命……晚一步、一秒钟就是万劫不复。尚在襁褓中的三毛，对人间的第一印象便是烟火，这不是人们常说的“人间烟火”，三毛来到这世界，还没有欣赏过炊烟袅袅，她睁开眼感受到的是灰黑色的烽烟漫漫，听到的不是嘶吼号哭便是炮声，等到了夜里，一切归于沉寂时，她的耳边只剩下父亲的叹息和母亲的祷告。

于动荡岁月里来到人间的三毛，终其一生渴望的不过是平淡简单，有一点点快乐就感到十分欣喜。

这个世界动荡不安，随时都会迎接死亡，除了生死，再无大事；但她不缺乏安全感，在那样艰难的岁月，她有母亲的怀抱牢牢地保护着她，所以才能不谙世事地长大。三毛会走路之后，给人的感觉是“很独立，也很冷淡”[①]。她并不同于普通人家的女儿，“不玩任何女孩子的游戏”[②]，不愿意跟其他孩子一起玩耍，也不会在惊慌哭闹中寻求安慰，稳重得像一个成年人。

---

① 引自《三毛1943—1991》，师永刚、陈文芬、沙林编著，北京：作家出版社，2011年版。

② 引自《三毛1943—1991》，师永刚、陈文芬、沙林编著，北京：作家出版社，2011年版。

这或许是自闭的表现，也或许是因为她对一切事物都太有好奇心，反而显得并不关心人类本身。

这个时候的三毛并不畏惧面对生死，很多孩子虽然没有经历过生死却会本能地感到害怕，这源自家庭教育中常用的恐吓手段。从这一点来看，三毛似乎并没有接受过传统家教，这应该是受到父母西式教育和宗教信仰的影响。据三毛的父亲回忆，“在她两岁时，我们在重庆的住家附近有一座荒坟，别的小孩子不敢过去，她总是去坟边玩泥巴。”①

如果是三毛自己回忆这段往事，她会不会这样表达呢？——我小时候是傻的，不懂什么是死，总去坟边玩耍，也就是无知者无畏罢了，就算坟墓里的人跳出来，我也只会兴奋地“哦”一声，好奇地打量这具白骨，扑上去仔仔细细研究一番，可能还会好奇地跟他对话，问问他有怎样的故事。

三毛的人生第一站，是修罗场边上的乱葬岗。那看似繁华背后的衰颓，是人间与地狱的临界点。她这种坚定、单纯、远离世俗欲望的好奇心，造就了她一副玉石一般的心肠。但她又是脆

---

① 引自《三毛1943—1991》，师永刚、陈文芬、沙林编著，北京：作家出版社，2011年版。

弱的。

世间给她何种滋味、何种颜色，她便是何种滋味、何种颜色。人们说，一千个人眼中有一千个哈姆雷特，其实人们眼中的三毛何尝不是千变万化呢！时而癫狂，时而自持，时而无状，时而优雅——癫狂是因为有心，自持是因为无情，无状是因为易感，优雅是因为疏离。

三毛看到的、经历的，都原原本本地涂抹在纸上，她要说的都是故事。故事的本意并不是虚构的传说，而是过去发生的，真真切切存在的那些过程。在那些过程中，每个人的眼睛看到了不同的地方，每个人的心感受到了不同的感情，所以写下的故事往往不同。

陈嗣庆对幼年的三毛观看杀羊一事的评价印证了这一点："对于年节时的杀羊，她最感兴趣，从头到尾盯住杀的过程，看完不动声色，脸上有一种满意的表情。"[①] 她在满意什么呢？满意看到生命对尘世激烈的留恋，还是终于结束挣扎的解脱？满意自己对结果的猜想，还是观看过程的新奇？

这个时候的三毛，心中没有善、恶、爱、恨的概念，并不知道

① 引自《三毛1943—1991》，师永刚、陈文芬、沙林编著，北京：作家出版社，2011年版。

死亡是什么，也不知道恐惧。她不介意生命的杀戮是否发生在她眼前，只对死亡充满好奇：生命的存在与消逝究竟有何不同？生命告别这个世界，去到另一个世界，又会是怎样的？这与四十多年后三毛赴死的心情，在某种情况下或许达到了微妙的一致。

无情人也最有情。无情并非生来叛逆反骨，亦非天然愤世嫉俗，而是初次降临世界的雪一般的品性。

雪自天地而来，在人世中辗转一番，然后归于天地。给她阳光，便化作雨露；给她寒风，便凝作凄霜。她有形也无形，是完整的俗，也是至高的雅。她飘荡在人间烟火中，时而迷惘地仰望苍茫穹宇，时而悲悯地俯瞰四海八荒。三毛易感，易动情，尽情尽性地感受全部的人性后，对自己也能狠下心打碎重塑，是个一片冰心在玉壶的雪人。

像一片雪花的生涯，光阴温暖她又冰冷她，爱恨离合让她融化了又冻结了，经年之后，她早已不是最初的她，但又永远是最初的她。

对这世上任何人、任何事物，她都冷漠地抱以顺其自然的态度，无所谓来，无所谓去，冷酷到感受不到周遭与自己的关联，感受不到被爱。这种冷的内里，是极致的热，是渴盼全心全意地付出，掏空自己去填补人间的遗恨，因此爱也浓烈，恨也浓烈。在冷与热的激荡和对抗中，三毛是难受的，哭不出来，也笑不出来，所以很多不懂得她的人，觉得她是个不可理喻的疯子。

两三岁的三毛，还是个刚刚成型、内里空荡荡的“稻草人”①，她的身体和灵魂没有感受到爱恨，所以她不在乎生死。

为了储水，重庆的人家都会在厨房里埋一口大水缸，因为存在安全隐患，所以大人们总会告诫小孩子不要靠近。三毛满怀好奇，趁着大人们吃饭的时候，一头扎进缸里，“水缸很深，这个小孩子居然用双手撑在缸底，好使她高一点，这样小脚才可打到水面出声”，大人们见状大惊，赶紧将她救出，“她也不哭，她说‘感谢耶稣基督！’然后吐一口水出来”②。

小小的三毛是多么大胆，又多么聪慧，总能将白开水一样普通的日子活出精彩的滋味，仿佛等不及打扮一番便登上凡尘的舞台，迫不及待地出演一幕幕鲜活的奇遇记。

她还在探索，在品尝，在经历了爱恨之后，演绎自己的故事。

---

① 引自《江洋大盗》，收录于三毛作品集《稻草人手记》，三毛著，哈尔滨：哈尔滨出版社，2003年版。

② 引自《三毛1943—1991》，师永刚、陈文芬、沙林编著，北京：作家出版社，2011年版。

窗外那片紫薇花

四周的窗全开着，雨做了重重的帘子，那么灰重的掩压了世界，我们如此渴望着想看一看帘外的晴空，它总冷漠的不肯理睬我们的盼望。

——三毛《雨季不再来》

抗战胜利后，三毛一家由重庆迁到南京，定居在鼓楼一幢叫“头条巷四号”的大房子里[①]。

那幢房子有前院和后院，还有一个可供停车的偏院。小孩子总

① 引自《我的快乐天堂》，收录于三毛作品集《稻草人手记》，三毛著，哈尔滨：哈尔滨出版社，2003年版。

是活泼的，在南京难得的晴天里，三毛喜欢搬一只小板凳，在阳光下盯着一针一线纳鞋底的老仆人缀满皱纹的手，撒着娇要一块漂亮的小花布做鞋面。然后，她就穿着碎布衬底、布扣襻的蚕豆瓣一般的鞋子，围着梧桐树骑竹马，在雪地里与堂哥互相投掷雪弹，爬上假山采桑叶，惊慌地逃避着鹅的追赶……

多姿多彩的幼儿时光里，三毛还自己动手做过玩具。她从地上捡来弧形的树枝，在地上推着跑，树枝点到了前面的人就算是得胜了，这种树枝被她称为“点人机”。

父亲和伯父虽然都没有替政府做事，但是他们依靠学识和能力，使得家境稍显宽裕，加上一大家子人都住在一起，相互帮扶照顾，三毛自言未曾受过战争岁月贫寒的苦。兄姊都已经念书，有的在读大学，有的进入了中学，连比三毛大三岁的姐姐陈田心都进了学校。三毛还不到念幼稚园的年纪，只能跟着女工人兰瑛待在家里。

三毛家里原本是不需要工人的，但因为兰瑛是家中老仆人的亲戚，所以聘用了她。这个逃荒来的苦命女人还带着一个名叫“马蹄子”的儿子，长了个癞痢头的马蹄子，便成了三毛的玩伴。但是三毛并不喜欢他，因为他被涂抹了一头的药粉，还总是哭，即便把所有玩具都给了他，他还是止不住地哭。

为了清静，也为了找点乐趣，三毛跑进了家中的“图书馆”，那个房间里什么都没有——除了书。坐在大大的窗户下面，对着窗外的梧桐树，三毛打开了人生的第一本书——张乐平的漫画《三毛流浪记》，她交到了人生的第一个好朋友——“三毛”，这也是 1974 年发表短篇《沙漠中的饭店》时，她开始使用的笔名。

渐渐地，她的读物中又增加了更多有插图的书，再后来，她发现了国外的童话著作。当时家里有一套专门给小孩子看的书，编著者正是鼓楼小学的陈鹤琴先生——姐姐所在学校的校长，后来三毛入读鼓楼幼稚园，也成了陈先生的学生。

遇到不认得又想不明白的字，三毛便拿去讨教兄姊，几个小脑袋挤在一处，半猜半懂地讨论书中的内容。这样的日子并没有持续太久，三毛在假山上看野蚕的时候，原本应该在工作的父亲突然回来了。他给了三毛一大叠金圆券，这东西可以换“马头牌”冰棒，她和姐姐都高兴得很。

这时候，正是通货膨胀极为严重的时期，为了支撑岌岌可危的经济局势，中华民国政府于 1948 年 8 月 19 日开始发行这种货币，于 1949 年 7 月停止流通。民不聊生，莫过如此。

孩子不懂时局，大人却是再了解不过的。老仆人流着泪说，要“逃难”到台湾去了。在很多文艺作品、甚至在三毛自己的《滚滚红尘》中，这段历史短暂又混乱，人心惶惶。

对于这段逃难的往事，三毛说："就是母亲在中兴轮上吐得很厉害，好似要死了一般的躺着。"①三毛感到害怕，可是不知怎样能帮到母亲，只能等到靠岸的那一刻，这场灾难才会过去。

1948 年，三毛全家由大陆搬到台湾。

进入小学后，三毛渐渐表现出与众不同之处，却因她是个孩子，这些许的不平常总是容易被人们忽略。陈田心回忆，三毛从小就会对人们习以为常的体罚提出不同意见，这是非常少见的。毕竟在任何年代，循规蹈矩都是常态，更何况七八岁的孩子？面对"权威"的时候，大多数孩子会如何选择呢？只能被动接受。

但三毛的自我意识觉醒得早，姐姐形容她：相比其他姐妹兄弟，"想法更澎湃一点"②。她会直白地表达出不解，会问为什么，会打破常态，会将疑惑与愤懑一次一次、一笔一笔深深地刻在心底，在某年某月某日一齐摊开在这世界面前，叫人们冷不防地看到她的固执。

温馨自由的家庭氛围让幼小的三毛更关注内心是否愉悦。她会因为自身的不公遭遇而不满，也曾为别人打抱不平，因为脆弱的自

---

① 引自《逃学为读书（代序）》，收录于三毛作品集《背影》，三毛著，哈尔滨：哈尔滨出版社，2003年版。

② 引自《三毛1943—1991》，师永刚、陈文芬、沙林编著，北京：作家出版社，2011年版。

尊心和悲悯的同理心不允许她忍耐。她接触不到外界那么大的宇宙，只能坐井观天地观察自己的灵魂。三毛不是从谁身上复制、粘贴下来的人，独立的人格意识让她能更客观地审视人间冷暖。

三毛的独立意识，令她永远不因身份、地位、经历的变化而改变骨子里的执拗，当然，也不会因为生活被课业占据大部分时间而忽略对世事的观望。三毛是旁观者，也是参与者。在《紫衣》中，她记述了陪同母亲参加同学会的故事，从子女的角度记录了“永远只可能在厨房找到”的母亲的一次“发疯”经历。

那是一个再平常不过的日子。母亲从邮差手中接过一封信，然后望着窗外发呆，三毛把信接了过来，开始关注这件不同寻常的大事。原来母亲不仅仅是一个只会做家务的家庭妇女，她也是独立的、有着另一个社会角色的女人，也拥有家庭之外的故事。

她听到母亲与父亲商量着要去参加同学会，家里的几个孩子谁来看管；她听见母亲对父亲说这次她一定要参加，然后猛然觉醒，原来母亲读过很多书，还参加过篮球队。在这种全新的认知中，她感受到母亲并非全然是那个“大家庭里一个不太能说话的无用女子”[①]形象。母亲如今的生活是否幸福呢？为了这个家庭，母亲所

① 引自《紫衣》，收录于三毛作品集《倾城》，三毛著，哈尔滨：哈尔滨出版社，2003年版。

放弃的一切，还有多少未被发觉？她会不会后悔嫁给父亲，是不是已经开始后悔又无力改变？她会不会因此深深厌恨她的丈夫、孩子、家庭，以及所有牵绊她追求另一种人生的存在？

从那天开始，母亲变得不一样了。她的一举一动仿佛变成了鲜活的彩色画片。那张令三毛感到新奇的珍藏的照片，那个“穿着短襟白上衣、黑褶裙子”[①]的十八岁女学生，那些让她感到“混乱和不明白”的故事，那个弯着腰剪裁衣料、做制服时露出微笑的面孔……与平日的母亲完全不同。三毛意识到母亲的变化，但八九岁的她无法说出原因，也不懂得这变化有着怎样的意味。

对母亲来说，这或许是重新与世界取得联系的一次重要行动。可彼时的三毛并不懂得这些，只关心新衣服是不是她喜欢的粉蓝色。“等待是快乐又漫长的，起码母亲感觉那样”[②]。母亲从未忘记那些湮没在岁月里的过往，在被道出姓名的瞬间，失散十多年的同学仿佛就站在眼前，她的脸上洋溢着当年的青春。写出这样字句的三毛，对母亲快乐的少女时代应该很好奇吧。因为她自己所经历的矛

① 引自《紫衣》，收录于三毛作品集《倾城》，三毛著，哈尔滨：哈尔滨出版社，2003年版。

② 引自《紫衣》，收录于三毛作品集《倾城》，三毛著，哈尔滨：哈尔滨出版社，2003年版。

盾重重、忧郁烦闷的青春时期，似乎并没有太多阳光和温柔。

三毛请好了假，终于等到一切就绪。却不想，前去赴约的那天，天色忽然变得阴郁。母亲带着姐姐来接她，一起坐上了三轮车。能坐上三轮车，其实已经与平时不同了。脱掉制服，改穿白色的嵌着紫色花边的新衣，换上新袜子和平时不穿的白皮鞋，短发扎上同色系的丝带，依偎着陌生而熟悉的、带着香水味的母亲，三毛感到今天很不同。虽然下雨，但是三轮车上的每颗心都是雀跃的。

为了这次同学会，母亲准备了两大锅食物。在越来越猛烈的风雨中，她艰难地维护着女儿们的舒适与体面。漫长的路途中，她不停地祈祷着能赶上这次聚会。然而，一切的努力都在喷着黑烟的汽车离开后化为乌有，狼狈追逐的母女与三轮车夫老周“在风雨里发疯似的放声狂叫”①，那些曾经被提及的名字又一次冲出母亲的唇齿，带着希冀和绝望，让幼小的三毛感到恐惧。

她觉得母亲疯了。坐在三轮车上，她紧紧抓着雨布。这时，她还不能理解，失去这次机会对母亲来说等于错过了什么。她只能像一只受到惊吓的小兔子，蜷缩在角落里，默然承受着冷雨带来的凄惶。

---

① 引自《紫衣》，收录于三毛作品集《倾城》，三毛著，哈尔滨：哈尔滨出版社，2003年版。

母亲终究被遗弃在这里。空间距离可以缩短，记忆可以重拾，但是很多东西过去了就是过去了。从嘶吼中平静下来的她，擦去女儿们脸上的雨水，却顾不得自己湿润的面颊。

她仍旧退回那个家庭主妇的位置，仿佛没有过这次追逐。

多年后提起这件事，母亲说自己已然没有印象。三毛想要跟母亲“讲讲那件紫衣，讲当年她那年轻的容颜，讲窗外的紫薇花，还有同学的名字”①，却被母亲对下一代的关心转移了话题。

母亲真的忘记了吗？三毛并不这样想。可能只是很多事情都回不到当时，所以选择不去理会，任由时光封锁记忆。

当时的三毛不过八九岁，却牢牢地记住了母亲这次不成功的“叛逃”。那些铭心刻骨的细节，当然也会被人解读为加工过的、虚构的往事。当时女性的生活状态，决定了母亲会做出与平时形象有着巨大反差的行为，看似矛盾却又合乎情理。这种镌刻在岁月中的感受是真切的，也是令人震撼的，孩子的想法可能是幼稚的，但是反差带来的冲击却是真实存在的，三毛超出普通人的敏感，让姐姐也

---

① 引自《紫衣》，收录于三毛作品集《倾城》，三毛著，哈尔滨：哈尔滨出版社，2003年版。

惊叹她“怎么能记得这么多？还揣摩到妈妈的心？”[1]

这就是三毛的不平凡之处，并不是她的人生有何不同。其实普通人的一生也会有许多故事，许多故事堆叠在一起，拼凑出了人生。在三毛的笔下，故事总是简单的、实在的，所以我们总能感同身受。母亲追赶的、回不去的青春岁月，与三毛自己空洞而充实的童年一样，被涂抹上蜡染一般的油彩，连缀成完整的画卷。亲历者与旁观者的界限模糊了，不断刷新、重复的痕迹在光影的作用下渐渐晕染开，最后变成一幅扭曲的图案，再也无法分辨模样。

唯有感受是真实的，在永恒的变化中坚守着悲喜。

---

① 引自《三毛1943—1991》，师永刚、陈文芬、沙林编著，北京：作家出版社，2011年版。

蝴蝶曾经来过

一个聪明敏感的孩子，在对生命探索和生活的价值上，往往因为过分执着，拼命探求，而得不着答案。于是一份不能轻视的哀伤，可能会占去他日后许许多多的年代，甚而永远不能超脱。我是一个普通的人，我平凡的长大，做过一般年轻人都做的傻事。

——三毛《雨季不再来》

到了台湾，大人们忙忙碌碌，为了一家人的生计温饱奔波。两房八个孩子，既要安顿下来，又要穿衣吃饭、念书治病。值钱的首饰都被换了金圆券，这些纸钞也很快就被花掉。

虽然年龄还不够，三毛仍旧被送去了学校。因为读书的关系，她已经认得许多字，与姐姐一起读杂志、看报纸，其乐无穷。她在拿到国语课本后，包上书皮，大声朗读一遍，便不再感觉新鲜，还嫌弃太过浅显，读来无味，这样类似挑衅的提问被老师批评了一通。

看书已经成瘾，可杂志一个月才出版一次，于是二堂哥的书堆里就出现了“淘金”的小三毛。她开始从鲁迅、巴金、老舍、周作人、郁达夫、冰心的作品中，懵懂地寻求感悟。没过多久，大堂哥说这些书是“禁书”，不能看了，要烧掉。三毛不解其意，却有一种莫名的担心，愣愣地看着这些书被哥哥们烧掉。

渐渐地，公共汽车系统开通了，一家人坐了车，还拍了照片留念。这条路上繁华起来，各式店铺开了市，对她一生影响最大的商店——“建国书店”也挂上了牌子。

在家里经济状况并不好的时候，三毛迷恋上了“消费”。她也并不是乱花钱，只是太迷恋读书。建国书店的业务是租书，所以只要有钱就可以从那里租来许许多多不同的书。老板是很好的人，不仅不出租低俗的读物，还会推荐给三毛和姐姐一些好书，比如适合孩子阅读的海外译作、文学名著等。三毛简直是“跌入这一道洪流里去，痴迷忘返”[①]，凡是家中能够翻出钱的地方，从母亲的旧皮

① 引自《逃学为读书（代序）》，收录于三毛作品集《背影》，三毛著，哈尔滨：哈尔滨出版社，2003年版。

包到外套口袋，甚至针线盒，她都“光顾”过，三毛无休止地缠着母亲，就为了能多读几本书。

于童年的三毛而言，除了读书之外，收藏花花绿绿的糖纸也是一大乐事。洗干净的糖纸被小三毛仔细平整，小心翼翼夹在书本里，仿佛拥有了全世界的精彩。用过的练习簿可以拿来换糖，于是连功课和罚抄都变得可爱起来。对于单纯的小孩子来说，兴趣胜过一切。

然而，人的欲望是无穷的。三毛“偷”了五斗柜上的五块钱家用，小心翼翼地放在口袋里。在忐忑不安与兴趣自由之间拉扯的三毛，烦躁到体温上升、不肯讲话、吃不下饭、魂不守舍，甚至到了要看医生的地步。这本是心病，医生当然束手无策。三毛辗转一番，又“故作自然”地将钱“送”了回去①。小孩子所见的世界仅仅是眼前的花圃，大人却管中窥豹，已洞悉内情。小小风波引发了家庭财政改革，从此孩子们拥有了一定的财务自由，三毛还得到了父亲给的进口糖果，这是对她特殊的安慰。

三毛一直藏在心里的愧疚，在长大成人后得到了安抚——原来这并非个例，很多孩子都有这样的经历。但那感觉并不好受，谁愿

① 引自《逃学为读书（代序）》，收录于三毛作品集《背影》，三毛著，哈尔滨：哈尔滨出版社，2003年版。

意呢？在还不了解人间事的时候，三毛便第一次尝到了如坐针毡、如临深渊、如履薄冰的滋味。

这个时候如果有贴心的朋友能分享快乐、分担忧愁该多好。其实，三毛曾经有过这样一个朋友，那是一位真诚的、粗糙的四川哑巴炊事兵。读四年级的三毛还不善于表达，遇到什么事情总是闷在心里。那段短暂但快乐的时光，即使在多年后仍然令她感到温暖。

在无人的角落里，三毛和朋友打着手势、画画写字，拼凑出彼此的故事：在乡下种田的再普通不过的汉子，被迫离开母亲和即将临盆的妻子，质朴的思念被渺茫的希望磨耗得越来越单薄；在学校里担任“值日生”而被压迫着、欺负着的女孩子，又柔弱又倔强地沉默，承受一次次伤害……

这些故事经由小三毛之口传向了同学，很快就被老师否定。三毛和哑巴炊事兵的友情，看来更像是饱经沧桑的老父亲对未曾谋面的孩子的移情，也是从未有过知心玩伴的孩子从心底感到的喜悦。他们互相交换礼物，像同龄人一样将彼此的心意以手作的形式赠予对方；他们课后玩耍，在成人与孩童之间寻找快乐的微妙平衡。母亲并不担心，相较而言，她更惧怕女儿在履行学生责任时受伤；老师非常担忧，她并不信任炊事兵乃至所有类似的人，时刻关注女孩是否受到侵害。

哑巴炊事兵要随部队离开了，已经被迫疏远了孩子的他，送出那枚仅有的昂贵的金戒指，三毛却无论如何不敢收下。老师又是家访，又是劝说，又是威吓，决计要将三毛与哑巴炊事兵“拆散”。调皮的男同学戏弄哑巴炊事兵，还编了歌谣嘲讽。三毛鼓起勇气，与那些孩子打架，哑巴炊事兵心疼地想去安慰她，又不敢太过靠近。三毛的心“那么沉重和悲伤”，但那种沉重和悲伤，无法与老师的权威去对抗，那是一种“无关任何学业的被迫无情”[①]。

孩子不懂什么是同情，只是单纯地回馈他人的善意。可哑巴炊事兵何尝不是一个大龄的孩子呢？炊事兵离开时留下的礼物和地址都被没收，那珍贵的肉干反倒进了狗肚子，仿佛一颗真心喂了牲畜。三毛自认，这是一生中“负人”[②]的开始。积压在她心中的难过，无法用“不是我”的理由来排遣。

情感是无法偿还的债务。如果可以自由支配自己的言行，任何时候都遵从真实的想法、做一切想做的事情，便是天大的自由，可享受天大的自在。无奈生而为人，活在尘世，有太多身不由己。

对人也好，对物也好，小孩子的喜欢是没来由的。有时是感同

---

① 引自《吹兵》，收录于三毛作品集《倾城》，三毛著，哈尔滨：哈尔滨出版社，2003年版。

② 引自《吹兵》，收录于三毛作品集《倾城》，三毛著，哈尔滨：哈尔滨出版社，2003年版。

身受，有时是对玩伴的依赖，有时是爱屋及乌。去看姐姐排演话剧，三毛被“抓壮丁”扮演了龙套匪兵乙，对同样躲在角落、手执扫把长柄充当长枪的匪兵甲心生好感。小孩子刚刚萌生情感意识，最喜欢在男女事情上起哄，也不知怎的，匪兵乙被误以为爱上男主角，加之学习成绩退步，三毛被老师叫去，挨了顿辛辣的竹鞭子。

这时候，能给三毛安慰的，是学校朝会上那颗比别人大一些的光头。

三毛误以为一起“默念 1、2、3、4”[①]，然后跳出去做戏，就是一种心有灵犀的默契，因此暗自欣喜，深感幸福。

当三毛看见光头与别人打架、被狠狠压制着却不服输的样子，她越发肯定那份爱意，似乎这次冲突是为了帮自己伸张正义。夜深人静时分，三毛流着泪，暗自许下终身，酸涩而甜蜜地畅想着身为人妇的生活，做饭洗衣，幸福无比。

这段单方面的恋爱，渐渐因为毕业的到来而消散，不过是一场少女的梦，没有开始，也就没有结束。

小学五年级时，三毛与另外六名同学义结金兰，大家一起呼朋

① 引自《匪兵甲和匪兵乙》，收录于三毛作品集《倾城》，三毛著，哈尔滨：哈尔滨出版社，2003年版。

引伴地上学、放学。女孩子之间多了许多分享，有什么小心事都忙不迭地互相倾吐。随着生理期到来，女孩子们对异性的态度变得谨小慎微，说起男生来当然是要“骂人”的，虽然那只是“虚张声势”罢了。

七个女生与七个男生，在一场莫名的“骂战”中，传递着朦胧的信号。

这种集体交往，在对爱情意识模糊的三毛眼中，似乎也没有什么可怕或期待。两个小团体在毕业前最后一次“殊死”相约，看了一场不记得情节的电影。女孩吃冰，男孩在远处静静等候，一起坐车回家，分开车厢，话也不讲，“那一场拼了命去赴约的约会，就在男生和男生喊再见，女生跟女生挥手的黄昏里，这么样过去了”[①]。

毕业纪念册上，“哪里晓得他要做什么，只因为他名字上就一个‘飞’字”，带着祝福和猜测写下了“好男儿壮志凌云”[②]，当那份小心思摊开在阳光下，却好像变得那样可爱又可笑。母亲的询问和双亲的叮嘱，让三毛手足无措，羞愧着把注意力转移到课业上。

---

① 引自《约会》，收录于三毛作品集《倾城》，三毛著，哈尔滨：哈尔滨出版社，2003年版。

② 引自《约会》，收录于三毛作品集《倾城》，三毛著，哈尔滨：哈尔滨出版社，2003年版。

多年以后，回味这段青涩的萌动，三毛还感恩当时许下的愿望并没有实现。暗暗脸红，轻声叹息，似乎能够理解母亲追逐那辆车时流下的泪水，也似乎更懂得人与人之间的情感从何而来。

时过境迁，很多问题不必再去探询答案，很多故事也未必需要一个结尾。

我们总会长大，总会告别过去的自己。感情也像蝴蝶一样，在艰难的蜕变中，一次又一次离开，一次又一次重生，一次又一次归来。

长大是一切答案

世上的生命，大半朝生暮死，而蝴蝶也是朝生暮死的东西，可是依然为了它的色彩目眩神迷，觉着生命所有的神秘与极美已在蜕变中彰显了全部的答案。

——三毛《蝴蝶的颜色》

自述六岁开始上小学[①]的三毛，其实并没有准备好迎接她的学业生涯。

清晨六点出发，夜里十一点返家，承担着正常孩子的责任，重

① 引自《约会》，收录于三毛作品集《倾城》，三毛著，哈尔滨：哈尔滨出版社，2003年版。

复着枯燥的求学生活。或许三毛不必想明白为何如此，毕竟生活中让人想不通的事情太多，很多不理解的事却会随着时光的流逝逐渐释然，即使那些谜永远不会解开。

体罚是常态，从竹鞭到捏眼皮、撞头、跑圈。小孩子被“教育”到昏倒，就去医务室躺一会儿，然后回教室上课，有可能再次受到“教育”。周而复始，仿佛人间地狱，这种煎熬从未有尽头。求学岁月里，天空似乎一直是昏暗的，没有光亮。每天早上，三毛都不愿睁开眼睛看见这个世界，因为一旦“发觉又得面对同样的另一天，心里想的就是但愿自己死去”①。

上课也很无聊。学习主要是自学，除了教编课本便是老师出售的练习题，使得三毛对知识的渴求很快被消磨殆尽。母亲为了孩子，会去学校给老师送礼，哀求老师少责打谩骂她弱小的孩子。三毛不理解母亲为何可以这样残忍，用温柔至极的语气说着这么令人绝望的话：“忍耐这几年，等你长大了才会是一个有用的人……”仿佛学校就是唯一制造“有用的人”的通路，再难再苦再不愿也必须去学校。

① 引自《蝴蝶的颜色》，收录于三毛作品集《倾城》，三毛著，哈尔滨：哈尔滨出版社，2003年版。

长大被赋予深刻的意义，想不明白的时候，发个呆都会被教训一头一脸的粉笔灰。深夜做完功课疲惫睡去，梦里都是没有方向的逃离，在这条看不见前景的路上，没有脚踏实地的感觉，不知台上人所云，不知身边人所谓，无力感弥漫全身，只能被面无表情的同行者拥着往前走。这样的日子有什么盼头呢？

总要有希望的，这是活着的唯一指望。

“每天面对着老师的口红和丝袜，总使我对于成长这件事情充满了巨大的渴想和悲伤，长大，在那种对于是囚禁苦役的童年里代表了以后不必再受打而且永远告别书本和学校的一种安全，长大是自由的象征，长大是一种光芒，一种极大的幸福和解脱，长大是一切的答案，长大是所有的诠释……”①

三毛如是说，那段昏暗岁月里，“能够对于未来窥见一丝曙光的，就只有在那个使我们永远处在惊恐状态下女老师的装扮里”②，口红和丝袜，是成长的象征，也是脱离悲苦学生时代的起点。

对于成长，三毛并不是以愉悦或充满期待的心情去迎接，而是

---

① 引自《蝴蝶的颜色》，收录于三毛作品集《倾城》，三毛著，哈尔滨：哈尔滨出版社，2003年版。

② 引自《蝴蝶的颜色》，收录于三毛作品集《倾城》，三毛著，哈尔滨：哈尔滨出版社，2003年版。

只能用被动、无奈的态度抓住这唯一的生机。但这也是三毛被批评的缘由。她那么急切地想要表达真实的自己，那么渴望有人能够帮助自己找到出口。然而，这世界终究没有怜悯她。

三毛被老师要求替她鸿雁传书，又被冤枉偷看老师的恋爱日记，被体罚。驯服是很快形成的习惯，不再挣扎也是一种自我保护。三毛偶尔也会生出几分勇气，想着如果不死，便可以长大，但那不是希冀，而是自我放弃。三毛说自己“从来没有恨过小学老师”，只不过是“怕”，那种对老师恋爱不顺的“复杂的怜悯与茫然”，也抵不过比死还残酷的“怕”①。

求学路上，大多数孩子都浑浑噩噩，督学偶尔一次的“开恩”，反倒更加令人无法容忍日常的苦痛——“整整十天不用夜间补习”，“有躲避球可打”，“有郊外美术写生”，“可以只提一个空便当盒在黄昏的时候一路玩回家”，虽然回家后的习题增加了，但是念中学的姐姐可以模仿她的字体帮忙做一半，这份忐忑会在睡前的祷告中得到平复，然后“微笑着放心入睡”，转眼便恢复到了“带两个便当”上学，“水彩和粉蜡笔不用再带”，“彤云满布”，“教

① 引自《蝴蝶的颜色》，收录于三毛作品集《倾城》，三毛著，哈尔滨：哈尔滨出版社，2003年版。

室里昏黄的灯光半明半暗”[①]的日子。

有别于其他，三毛读书的欲望始终非常强烈，没有什么比书更吸引人，三毛称自己读书的方式是“吞”，毕竟只有在更深更广阔的世界里才能获得满足感。尽管三毛十分不喜欢在课堂上看书，但是时间太紧迫了，好书太多了，她把《红楼梦》藏在裙子下面，读到“白茫茫”的结尾处时，像入定似的，感悟到了不可名状的东西，自此更加一发不可收拾。

三毛实在太难过了，她产生了两种念头。一个是追求：“最最愉快的时光，就是搬个小椅子，远远的离开家人，在院中墙角的大树下，让书带我去另一个世界。它们真有这种魔力。”一个是逃避：“六年的小学教育终成为过去，许多同学唱歌痛哭，我却没有，我想，这倒也好，我终于自由了。”[②]

她感慨道：“做小孩子，有时候是一件很悲哀的事，要怎么过自己的一生，大人自然得问都不问你一声。”[③]

---

① 引自《蝴蝶的颜色》，收录于三毛作品集《倾城》，三毛著，哈尔滨：哈尔滨出版社，2003年版。

② 引自《逃学为读书（代序）》，收录于三毛作品集《背影》，三毛著，哈尔滨：哈尔滨出版社，2003年版。

③ 引自《逃学为读书（代序）》，收录于三毛作品集《背影》，三毛著，哈尔滨：哈尔滨出版社，2003年版。

在经历完难熬又必须忍耐的日子之后，升学与长大之间似乎形成了一点关联。

不知道经过多久的煎熬，三毛终于小学毕业，原以为联考成绩不甚理想，会去读比较轻松的学校，但让人意想不到的是，弄错的成绩单打破了美梦。在父亲的要求下，三毛在升入中学之前回到小学感谢老师，得到了“前途光明”的祝愿，这四个字读起来，三毛的心情是怎样的复杂？

最开始，三毛也想好好上学。她对这个世界充满了好奇，整个宇宙仿佛是一个个迥异的故事拼凑的集合体，学校里的每一门功课听上去都蕴藏着神秘的过去，即便是最难理解的数学，应该也有着奇妙的推演过程。

她说，她是多么“渴求新的知识”；她说，她是多么想知道“一朵花为什么会开”，“一个艺术家，为什么会为了爱画、爱音乐甘愿终生潦倒”，“那些横写的英文字，到底在向我说些什么秘密”[①]……然而，在学校里，没有人能满足她的好奇心。

那些原本应该鲜活生动的东西，都被硬生生地扼杀掉，只剩下

① 引自《逃学为读书（代序）》，收录于三毛作品集《背影》，三毛著，哈尔滨：哈尔滨出版社，2003年版。

一个看上去无比精致的皮囊，作为知识的标本，在课堂上展示罢了。背书，或者按照要求创造“艺术”，这是学习的本质吗？当然不是。

中学生活也并不像期待的那样新奇，仍旧是呆板的填鸭式教学，远远不能满足三毛对世间真相的探求欲望。这一年的暑假，三毛不能同往常一样去建国书店租书，因为搬家，她只好退而求其次选择其他书店。幸而父亲晾晒木箱时显露出家中的“宝藏”，那是一套又一套通俗小说，线装本的精美旧书。三毛看到书本后，像是沙漠中饥渴的旅人，大喜过望。

为了阅读，三毛一面用尽零用钱租下书店的旧俄作家小说，一面揽住了家中这些艺术珍品，满怀的文墨书香。尽管父亲一再申诫，三毛仍像疯魔一般一头扎进书中，成了不知寒暑冷暖的书虫。

在上学路上，三毛抱着公共汽车上的柱子，旁若无人地读书。书中自有一番天地，仿佛有一面透明的障壁，将她与这个混乱无情的世界隔离开来。从《六祖坛经》到《阅微草堂笔记》，从芥川龙之介到托尔斯泰，她顾不上功课，只想着读书、读书、读书。

然而，“读书”与“读书”终究不同。在四门功课成绩告急的情况下，三毛不得不开始发奋努力，但是很快，这种源自对父母愧疚的发奋动力，被数学老师的轻蔑和污蔑击垮。她努力背下课后题取得的满分，老师却判定为作弊，在全班及全校同学面前，在她脸上画满了鸭蛋。[1]

墨汁流淌到唇边，绝望蔓延到心底。那种羞辱，像是挥之不去的阴霾，长久地笼罩在她的世界。

三毛决定，不可以这样继续下去。无奈和迷惘令三毛一心求死。她才十三岁，就已经感到人生太过草率，找不到答案，便在一个台风之夜，穿着制服，狠狠地在自己的手腕上划下了一刀——这是她与世界的告别。

被救活之后，她一定在想，如果自己追求的和逃避的都摆在面前，而二者是可以兼得的，那么，要不要勇敢一次，坚持做自己想做的事情？

陈田心说，三毛虽然是妹妹，但是常说姐姐“不够勇敢，不敢真实地面对自己，活在别人期望的角色，害怕别人怎么看”[2]。这个世界上，按照设定“角色”活着的人太多太多，意识到自己不同于任何人，是独立的完整的存在，是多么可贵的事情！三毛没有想特立独行，她只是坦然地看待自己，洒脱地对待世界；她并没有过

① 引自《逃学为读书（代序）》，收录于三毛作品集《背影》，三毛著，哈尔滨：哈尔滨出版社，2003年版。

② 引自《三毛1943—1991》，师永刚、陈文芬、沙林编著，北京：作家出版社，2011年版。

分自私、只考虑自己的感受，而是坚守着这个世界最初的原则——做一个真实的、鲜活的、快乐的自己，“不在乎别人怎么看”。

这样的三毛，其实是很奇怪的。她不在乎自己的生命，也仿佛感受不到肉体的疼痛，却会心疼一棵树的死亡。三毛呆呆地看着人们锯倒它之后欢呼起来，仿佛一个生命的结束值得庆祝。她鼓起勇气，向主人请求带走树根，以悲悯的心情，一路上将树根拖着、拉着、扛着，走走停停，在众人的注目之下，穿过大街，将那段树根带回了家。

父母并没有责怪她，也没有嘲笑她的怪癖，而是帮忙反复清洗、晒干，然后将这段树根搬到了三毛的卧室里[①]。

在三毛眼中，这棵树的生命是不是悲哀的呢？人生大抵是由各种无可奈何的悲哀拼凑而成，这些无可奈何的悲哀之间的不同，仅在于它们出现的时机。三毛并不是在刻意放大或者矫情，只是轻描淡写地讲了一个故事，像一阵风将那些被掩埋在岁月的尘埃吹拂起来，露出泛黄的作业本上那一片干透了水迹的印痕罢了。

① 引自《痴心石》，收录于三毛作品集《我的宝贝》，三毛著，哈尔滨：哈尔滨出版社，2003年版。

稻草人的天使

她非常平凡，不过是我的孩子而已。三毛是个纯真的人，在她的世界里，不能忍受虚假，或许就是这点求真的个性，使她踏踏实实的活着。也许她的生活、她的遭遇不够完美，但是我们确知：她没有逃避她的命运，她勇敢的面对人生。

——缪进兰《我的女儿，大家的三毛》

极其平常的求学生活、按部就班的幼年时光，如同翩跹的蝴蝶一样飞来飞去，破茧而出是对成人之后种种盼想的集合。真正实现的那一天，有没有期待的那样快乐呢？

少女时期的三毛，无法容忍学校制式化的教学模式，也不能接受来自老师同学的羞辱，在进入中学后不久，她便开始长期频繁地逃课。

她若无其事地按照求学的时间表上学放学，人却出现在墓地，在一片沉静的墓地中读书，常人认知中恐怖的场所却成了三毛的天堂。她并不是个傻孩子，可在那个地方她才感到安全，世上再没有比坟墓里的人更温柔的了，他们不会干扰她的自由，不会逼迫她计算笼中的鸡兔各有几只脚。

隔上几日，三毛便回学校坐上一天，无聊到极点，可她需要对父母尽责。在学校终于发觉她逃课并致信给她家里后，这样的生活走到了终点。

没有人责备她，也没有家庭暴力出现。三毛一生中最不吝的一点矫情，就是渴望获得家人的关注与对她的爱护。三毛真的不被重视吗？其实并不是，只是她所需要的热烈的表达，对于传统内敛的父母而言太难实现。

三毛的父母沉默而忧愁，并且为这样的孩子如何才有未来深感担忧。再开学的时候，父母鼓励她尝试一下融入校园生活，送她到学校，以哀求的目光，恳请她像其他孩子一样做平常人的事情。可三毛是怎样的执拗呢！她没有改变，因为她决心不再违背自己，在她眼中，学校甚至远远超越墓地，那才是真正的人间地狱。

她听了一节课，真正地努力了一次，然而下课的时候，她又背上书包去省立图书馆，沉默地读书，乐不思蜀，浑然忘我。

在学业上，三毛先天偏重感性思维，她并非没有清晰的理科思维，只是不愿人性被压抑、扭曲，又孤立无援，在牛角尖的路上走得越来越远，离经叛道——“经”是经验，“道”是常规，三毛与大多数人不同，这不同就成了错，成了异类。

所幸，三毛的家人并非俗人，他们从未放弃与众不同的她，反而对她愈加珍视，给她更大的自由。

每个生命的到来，都应是一个新希望的诞生，天使借由母亲的怀抱来到人间，开始一场奇妙的旅程。有一个被人认为病态的孩子，三毛的父母承受了很大压力，也会私下惆怅烦闷。可在敏感的三毛面前，仍要装作如常。

叛逆，是人身上不安定因子的宣泄出口。

半年后，在女儿随时可能丢弃生命的“威胁”下，原想养育一个普通孩子的父母终于认输。他们认识到孩子不同于大多数人，却任由其发展，选择独特的人生道路，给她碰壁、疼痛、成长的机会。这样的父母是伟大的，是无私的，是真正爱着子女的。

此时，姐姐放弃了进入更有名的省中的机会，就读台北的音乐学校，追求艺术梦想。失去读书伙伴的三毛，办妥了休学手续，没有了非要进入学校学习的压力，人生顿时轻松起来。

那年的压岁钱换回了竹制的书架，上面零散放着父亲买回的“教科书”。一边修习着父亲教授的古文，一边读着母亲买给她的英文书学习英文。在许多辍学的同龄孩子混迹市井的时候，三毛愈加享受内心的孤静，也更加不合群起来。

三毛出门便是买书，不拘种类，古今中外各种常见、不常见的书，都为她读书的日子增添了一番又一番的乐趣。她的竹书架很快被填满，父亲又专门为她定做了一个五层的书橱。这样的鼓励，让少女三毛成了十足的书奴。在她的小空间里，到处都是种类繁杂的书，只要能买到喜欢的书，她都会不惜钱财、精力去寻找。

父母为三毛做的事情，如同三毛自己所言，是为了没有心的“稻草人”充当了宽厚仁爱的天使。

三毛眼中的父亲，也是个闲不住的人：“他每天早晨必做全身运动才上班，傍晚下班时，提早两三站下公车，走路回家。”[①] 热爱运动、热爱生活，生在旧社会、接受新教育的陈嗣庆是传统而又开明的。一方面与唯一的胞兄——大伯父陈汉清一家始终生活在一起，守着传统的长幼尊卑、阖家团圆过了一辈子，另一方面，他却坦然接受女儿半生飘零，多年旅居他乡；一方面，自己和兄长选择

---

① 引自《孤独的长跑者》，收录于三毛作品集《闹学记》，三毛著，哈尔滨：哈尔滨出版社，2003年版。

严谨枯燥的法律工作，兢兢业业执业，另一方面，虽谈不上欣然接受大女儿转修音乐、二女儿辍学学画，却也纵容孩子寻求内心真正的欢欣……

三毛在《永恒的母亲》一文中，用“茫然”来形容儿时对母亲的印象：“童年时代，很少看见母亲有过什么表情，她的脸色一向安详，在那安详的背后，总使人感受到那一份巨大的茫然。”

母亲二十岁生下第一个孩子，二十三岁生下二女儿三毛，三年后从重庆迁居南京，到全家踏上台湾岛的时候，缪女士还不到三十岁。在成长的岁月里，母亲给了三毛宽厚的爱，“在人生的旅途上，母亲所赋予生命的深度和广度，没有一本哲学书籍能够比她更周全。”[①]

在重庆经历过一轮轮轰炸，母亲太清楚生存的艰难。在前途未卜的年代，她不得不丢掉了少女的骄矜，把最好的青春消磨成烟火气。但这分烟火气并没有消磨掉。后来，即便得了癌症，母亲也始终是从容的。

陈田心回忆母亲：“这不是普通人可以忍受的病，但她都笑嘻嘻的，所以她在情绪上从不给我们压力，她有个很欢乐的个性。”

① 引自《永恒的母亲》，收录于三毛作品集《我的快乐天堂》，三毛著，哈尔滨：哈尔滨出版社，2003年版。

对于子女的教育，始终“以爱治天下”，“大门虽没有上锁，她心里的爱，却使她甘心情愿把自己锁了一辈子”[①]。

在荷西去世后，三毛的很多决定都会考虑父母的期盼和惦念，她始终不是孤身一人，即便内心那样空寂。

三毛自称“江洋大盗”，本是空洞的稻草人，要从身边的人那里“偷”来一些能充实自己的东西：

父母“为人方正本分，对自己刻苦、谨严，对旁人宽厚怜悯，做事情负责认真，对子女鞠躬尽瘁，不说人长短，不自夸骄傲，不自卑，不自怜，积债不会讨，付钱一向多付”，却不合时宜；姐姐“温柔敦厚，念书有耐性，对人有礼貌，冬天骑车上学不叫冷，高中住校吃大锅饭不翻胃，两只瘦手指，指甲油不会涂，弹钢琴、拉小提琴却总也不厌”，却是个不懂得享受青春的“傻瓜”；大弟弟“仁心仁术，节俭实在”，却是个傻大胆的“纸老虎”；小弟弟“操守、品格、性情、学识，样样不缺，外表相貌堂堂，内心方方正正”，却走上了淡泊质朴的“歧途”[②]……

---

① 引自《三毛1943—1991》，师永刚、陈文芬、沙林编著，北京：作家出版社，2011年版。

② 引自《江洋大盗》，收录于三毛作品集《稻草人手记》，三毛著，哈尔滨：哈尔滨出版社，2003年版。

三毛是多情的，不仅在爱情上，在亲人与朋友之间，她也爱得浓烈，爱得深厚。

多年后，谈到这个女儿，陈嗣庆感慨万千：“在她二十岁以前，无论健康、脾气、观念、敏感、任性和自弃，都是少见的。在她少年的时候，她的母亲和我这个做父亲的，可以说，因为家中有这样一个刚烈孩子，过的是心灵上倍受欺凌的苦日子。那些年她常常要出事，使得我们日日夜夜生活在恐惧里。”[①] 其实，在这样的家风熏陶下，三毛不会走歪路，只会走上那条遵循初心、挑战世俗的殊途。

传统教育习惯于设定条条框框，要求一切都必须在规定的框架内，否则就不可称为“真善美”。没达到标准，便是“无术”。但艺术恰恰是不应该被约束的。

小学时因为画不像被惩罚，中学时又被要求“照着画”，按“规矩”来。这样的教育，这样的标准，严重扼杀了孩子的想象力。不仅如此，学校非让她计算那些枯燥的算式。三毛说自己那时候是“恨”的，追求逼真可以拍照片，搞不清数量就把鸡兔分开关，不清楚为什么要拿这些诡异的题来折磨小孩子，让世界简单一点不好吗？

---

① 引自《女儿》，收录于三毛作品集《倾城》，陈嗣庆著，哈尔滨：哈尔滨出版社，2003年版。

二堂哥懋良在高中时，喜欢上音乐，不愿再读普通的学校，而要学习专业的音乐作曲。他当着叔叔——三毛父亲的面，将学生证撕掉，以表决心。大人们再忧虑也只能顺着他，于是三毛后来的“逃离”学校，便有了榜样。

在美好的艺术面前，灵魂的震荡是不可言说的。三毛的一生所爱，不仅仅是绘画，不仅仅是音乐，不仅仅是文学，更是艺术本身带来的那种想象与自由，那是一种无法用语言来描述的、对灵魂的唤醒和拯救。

什么是美呢？是宝玉拜别，还是黄昏余晖里微笑的画中人？美的表达方式太多，美的展现标准太繁杂。被医生确定为接近“低能儿”的三毛，告别学校教育，与执拗的二哥、姐姐一样，决心寻找心中所爱，坚定地追逐真正的美。

休学在家的三毛并没有横生暴戾，“从没有对家人大声过”，父母也没有对她有过什么指责。姐姐说，三毛“十二三岁头发就白了”[①]，这样与众不同的孩子，自然也需要以与众不同的方式对待。父母的耐心和宽容，十分难得，这是三毛一生中莫大的幸运。

---

① 引自《三毛1943—1991》，师永刚、陈文芬、沙林编著，北京：作家出版社，2011年版。

花落知多少

可惜眼高手低，终是不成，而对于作为艺术家的美梦，再一次幻灭。这份挫败感，便又转为文字……实在热爱的仍是画，只因不能表达内心的感受于万一，才被逼去写作文的。

——三毛《一生的爱》

每个人的生命都是独一无二的，每个人的生命历程也应该掌握在自己手中。无论是在框架内按照要求活着，还是在自己的天地自由自在地追寻，人生本就没有统一的“有用”“有意义”“幸福”等评判标准。

各花入各眼，冷暖在自心。有时候，叛逆与抗争恰恰是应该被珍视的，毕竟，是这些推动了人类社会的发展和进步。

相比写作，三毛更喜欢画画。在她的笔下，水墨晕染开的不仅仅是惟妙惟肖的形象，更有着对世界的感知。

三毛休学后，父母除了教导她文化课程，为了发展她的兴趣，还专门送她去跟黄君璧老师学习国画。但是刚开始学画时都是以临摹为主，三毛很快就感觉“呆板无趣”，加之当时学画的多是官太太，对绘画的看法与她差距太大，三毛“感到寂寞、失望，以为国画距离我很远”，于是不肯再去。

母亲误以为三毛不喜欢画山水，其实这也怪不得别人，毕竟彼时连三毛自己都这样认为。于是，母亲又送她去跟邵幼轩老师学习花鸟画。

邵幼轩是国画大师张大千的入室弟子，亦得齐白石教导，精工花鸟，以“邵牡丹”之名享誉海内外。邵老师亲切温柔，十分疼爱三毛，既让她临摹学习，又给她自由发挥的机会。不久，因为对立体感十足的油画萌生兴趣，三毛又在顾福生门下学习素描打基础。

顾福生是台湾知名的油画家，“五月画会”代表人物。教导三毛期间，顾福生不仅传授技艺，更注重启迪她的艺术思维。他经常给学生看杂志上的一些名家及其作品，三毛由此也接触到更多文学性较强的文章。

这段经历，让三毛感慨道："顾老师是我最大的恩人，他使我的眼睛亮了起来，像一个瞎子看到了东西一样。我一生都要感谢他。"三毛时常对着老师的画发呆，仔细体悟其中精妙。

她为自己取了一个希腊神话中爱慕水仙又不能倾诉的女神的名字——Echo，意为回声，小心翼翼地落款在自己临摹老师的一幅人体画的右下角。

这一年，三毛在《现代文学》杂志上发表了第一篇文章《惑》，便是顾福生推荐给老友白先勇的。那时，她生命中的转机出现了。

三毛说不清顾福生教给了她什么，只知道若没有这位老师，或许人生的活法不会是这样壮烈，毕竟那"人生中第一颗星"，是老师帮她摘下的。

或许因为三毛笔下多数是想象画，顾福生离开台湾之前，把当时注重造型与空间抽象画的韩湘宁介绍给了三毛。

三毛眼里的韩湘宁是"一个不用长围巾的小王子"，只比她大几岁而已。韩湘宁活泼开朗、思维敏捷，上课时也不像顾福生那样安静，经常带着学生看画展、听讲座、欣赏舞台剧或电影，甚至带着三毛在公园里散步，但也会因为三毛技术不过关又不爱练习而生气，不过也都是"假凶"罢了。

三毛十九岁时，韩湘宁推荐三毛去彭万墀的画室学习。彭万墀是一尊“厚厚实实的塑像”，“刻苦、简朴、诚恳又稳重”。画室也是非常“认真”的，讲课的时候极为认真，沉默的时候一言不发。他像苦行僧一样修习着，对身边朋友和学生同样情谊深厚。

对三毛来说，顾福生是启蒙者，韩湘宁是引领者，彭万墀则是厚重踏实的鞭策者。这些老师都是她的贵人，是她艺术生命的领航者。这一年之前，三毛已经参加过多次画展，但入选的都是国画作品，师从彭万墀后，第一次有西画入选了画展，还获得了铜奖。

三毛本就是极为内向、容易害羞的人，有什么事情都不愿对人说，除非被逼得急了，但是还没说出口，便窘迫得落下泪来。

当她提出要去看画展的时候，不明真相的父亲提出要一同前往。三毛与父亲之间总是有着一道戳不破的透明隔阂，如果没有母亲做桥梁，三毛便不知如何与父亲相处，加之早早休学，总对父母有些愧疚之情，沉默里的尴尬更是让她难以对这次与父亲同行淡然处之。

四十七岁的父亲，发现画展上竟然有三毛的画，一时兴奋得像个孩子，左右看个不停，还要三毛讲讲着笔时的想法，最后干脆去找服务人员，想买下这幅获奖作品。得知作品不出售后，他又询问什么时候发奖，是不是会有个仪式，到时要来看，再照个相。

返程时路过电话亭，父亲特意打电话到家里，说了获奖的事情，又说要带三毛在餐馆吃晚饭，还要看场电影才回家。父亲的喜悦令三毛万万没有想到，原本自认“不争气”的二女儿，竟然也能令父亲这样高兴。

过马路时，三毛与父亲牵着手，仿佛回到小时候。那种干燥与温暖的触感，令她感觉熟悉又陌生。

这个奖让父母对三毛燃起了极大的希望——“只要我做什么，父亲都是同意的”。父亲说自己原本就热爱艺术，却无奈走上律师这条道路，现在女儿有这样的成就，真是值得开怀一场。他对三毛说，你们这一代已经不同，有什么想法就对父母说，无论是什么，美术也好，音乐也罢，总归要有一技之长。三毛这才知道休学给父母带来了多少忐忑和忧虑。那么慈爱的双亲，原来为自己苦熬了这样久，想来都深感愧疚不安。

三毛的父母都是极为疼爱孩子的，他们虽然传统，但非常尊重孩子的意愿，也关注孩子每个阶段的成长。所有与孩子有关的资料，他们都默默收集，连幼稚园的手工作品都在其中。那块铜奖的奖牌被放在显眼的地方——家里的钢琴上，每位来访的客人都会听到三毛父亲的夸耀。

那次获奖之后，也就是 1964 年，三毛带着国画、油画和发表过的文章，在父母的陪同下前往文化大学，申请当一名旁听生（选读生）。

旁听生与其他学生一样缴费、开学注册、参加考试、领成绩单，只是没有学籍。原本对女儿读大学不抱希望的父母非常重视这次见面。老师们看了三毛的“成绩”，建议她进美术系或中文系。三毛看看父母的神色，觉得那是巨大而沉重的期待。然而，她却在表格里端端正正地填入了“哲学系”。

由此，得到文化大学创办人张其昀先生的特许，三毛成了一名哲学系的大学生。离开阳明山时，父亲一直擦着汗，又开始担心三毛能否将玄妙的哲学念好。他摘掉眼镜，抹了一把眼睛：“好了！好了！妹妹终于上大学了！”

三毛的父母只是再普通不过的父母，他们的家庭也只是再简单不过的家庭，他们过的也只是再平凡不过的生活，然而他们却要将痛苦与忧愁感受个遍。成年人的确会为了时局大事忧心，但是对他们来说，曾经经历的战乱，似乎都比不上这个女儿的叛逆和对生命肆无忌惮的消磨来得让人痛心。

三毛或许太了解她的父母，他们是那么渴望子女享受生命的自由，所以也能够忍下悲痛，相扶着走下去吧。可惜这时候再没有那些艺术家、教育家出现，给予三毛活得精彩的力量，让她有活下去的勇气，拯救这个“快要迷失到死亡里去的人”。

在三毛的自我意识超越同龄人的年纪，她“的确跌倒过，迷失过，苦痛过，一如每一个‘少年的维特’”。三毛的父母开明到何等地步呢？三毛认为自己是翻版的父亲，父女之间的“战争”没有尽头，可怜的只是无辜的母亲罢了。

三毛的休学不仅给父母带来压力，而且给她自己带来更大的压力。她一直害怕面对下班的父亲，担心收到无声的叹息。那些年，三毛被迫背古文、背诗词、背英文、弹钢琴……一个掉着眼泪，一个叹着气。他们连同桌吃饭都很难做到，需要母亲端着托盘送到睡房里才行。

父亲从来没有打过她，可是这份忍耐，却成为她心里“洗也洗不掉的阴影”，让她感到“你这个教父亲伤心透顶的孩子，你是有罪的”[①]。这种自我道德绑架，更甚于一顿皮鞭或者责骂。那固执的、盲目的、无可奈何的“无边无涯的爱”，反而是一种负担。父母小心翼翼的珍视，更像是对女儿的不信任，或许，再怎么不愿承认，也是真的没有信心吧。

独立自由、走遍万水千山的三毛，也曾将脆弱的真实袒露在父母面前。她说，如果选择结束生命，希望父母谅解自己，因为那“将

① 引自《一生的战役》，收录于三毛作品集《送你一匹马》，三毛著，哈尔滨：哈尔滨出版社，2003年版。

是一个更幸福的归宿”[1]。

陈嗣庆说：“我女儿常说，生命不在于长短，而在于是否痛快地活过。我想这个说法也就是：确实掌握住人生的意义而生活。在这一点上，我虽然心痛她的燃烧，可是同意。”[2]

父母对子女最大的宽容，便是尊重她自由选择生死的权利吧。

---

① 引自《不死鸟》，收录于三毛作品集《梦里花落知多少》，三毛著，哈尔滨：哈尔滨出版社，2003年版。
② 引自《女儿》，收录于三毛作品集《倾城》，陈嗣庆著，哈尔滨：哈尔滨出版社，2003年版。

Chapter 02

极乐鸟，你好吗

每一个生命降临在这世界上，大约都是被赋予了使命的。有时我们执迷于眼前，而错过了可以翻天覆地的机遇。偏执的人总能做出大事来，正如三毛，她要一条道走到黑，不到黄河不死心，不见棺材不掉泪。

缤纷的回声

你会知道我说的不是真话，就是时光倒流，生命再一次重演，我选择的仍是这条同样的道路。我今日担着如此的重担，下辈子一样希望拥抱一个血肉模糊的人生。这是矛盾的矛盾，宇宙平衡的真理。

——三毛《极乐鸟》

三毛活得太仔细了。她对世界的洞察极为细致，甚至在一针一线那样细小的事物上，都格外敏感，也格外脆弱。即便还是幼童，没有人照料，她也可以“不哭不闹，默默独处”。她怜惜生物，不允许同伴捏蚂蚁，连苹果挂在树上，都要问一句“是不是很痛苦”。

穿惯了手制布鞋的三毛，并不适应穿着现代的皮鞋，那仿佛又是一个硬邦邦的框子，要把自己人生的路限制住了。她渴望解放的绝不仅仅是双脚，更是灵魂。三毛形容少女时代的自己是寂寞的“怪物”，是“铁灰色”的女孩，在学画之前的日子里，她深感自己“没有身份也没有路走”，自嘲“没有路的人，大概鞋子也没有什么用处”[①]。

直到顾福生为她的世界打开一扇可以看到璀璨艺术世界的窗，她才发觉生活是多彩的，连带定制皮鞋都选用了淡淡的玫瑰色。为了匹配这多姿的崭新人生，她对外在的美丽也开始了追求。她单纯的小世界渐渐融入复杂广阔的大世界，心里那匹年轻而桀骜的野马也开始恣意奔驰。

三毛十八岁时，穿上了人生第一件旗袍，搭配着细跟尖头皮鞋，袅袅婷婷，摇曳出青春的风采。虽然很快换成了凉鞋，但是在女性本能的启迪方面，这段经历非常宝贵。

除此之外，三毛细腻的内心世界就像神话一样的迷梦。希腊神话中的山林女神 Echo（回声），在不停的絮絮叨叨中失去了说话的能力，只能重复别人话中的最后三个字。她不可遏制地爱上了

① 引自《永远的夏娃》，收录于三毛作品集《背影》，三毛著，哈尔滨：哈尔滨出版社，2003年版。

Narcissus（后化为自恋的水仙花），紧紧追随着他，希望能得到这个高傲的美貌男子的爱情。然而，当 Narcissus 问她问题时，她却只能绝望而卑微地重复最后三个字：

“谁在这里？”“在这里。”

“我宁死也不愿让你来占有我！”“占有我！”

Narcissus 认定她是个轻浮的女子，对她真实的内心毫不在意，皱起眉转身离去。羞愧不已的 Echo 躲进山林深处，痛苦地死去。当初这个名字在刹那间闪现在脑海中，然后写在画布角落的时候，三毛只不过觉得自己是个临摹老师画作的蹩脚的模仿者罢了，哪里是对老师萌生出爱情呢？

顾福生与所有满怀梦想的艺术家一样，在追寻美的人生中，总要踏上巴黎的土地。然而，在那扎根的过程是艰辛的，肉体上、生活上的折磨，远远无法弥补灵魂的激扬。在与三毛的通信中，他鼓励这个女孩子积极一些，乐观一些；也将自己的辛酸告诉她，包括曾经自杀。

三毛是多么易感呢？她很快将这些感受转移到自己身上，也颓丧地回复顾福生，虽然大学生活并没有小学、中学那么难过，却也仅仅是新鲜一阵子。读书如果只是为了考试，那文字咀嚼起来便索然无味。

对于这个世界，三毛仍旧没有归属感。她说羡慕顾福生已生根在那块陌生的土地上，而自己是“天生的病人”。毕竟活着就十分艰难费力，还要赔上努力的代价去获得自己并不在意的成功，岂不是个“连苦味都没有的空杯”，承载人间的酸甜苦辣，于自己而言真是无聊。

活得太过明白，对世界了解太过透彻，对生命的探索太过深入，都是不容易在人生路上坚持走下去的。那种冥冥之中早已注定却又无法把握的“无所依归的心情”，被三毛破译为“渴望着自身的死亡和消融”[①]。

对顾福生的孺慕之思，仿佛迷茫岁月里的救命稻草，让三毛无处宣泄的忧伤有了出口。在无意识的絮语中，三毛早就为自己的人生写下判词——“永远不会有根”[②]。

在传说中，极乐鸟是执着、悲壮的，它永恒地飞翔，追求着遥不可及的梦想，因为没有脚，所以永远无法停留。直到耗尽力气的那一天，撞死在荆棘丛中，发出最后一声欢呼。鲜血与欢叫，幻化

---

① 引自《极乐鸟》，收录于三毛作品集《雨季不再来》，三毛著，哈尔滨：哈尔滨出版社，2003年版。

② 引自《极乐鸟》，收录于三毛作品集《雨季不再来》，三毛著，哈尔滨：哈尔滨出版社，2003年版。

为新的极乐鸟，继续着命运的飞行。

在休学期间，三毛的生活并不是只有书、画。她的外表平凡，却在人群中绽放着独特的美。十六岁的时候，她总在信箱里收到没有邮票的、淡蓝色信封信纸的情书，每个星期一封，准时又神秘。

那些信是一个附近的来自香港的大学生写的，除了住得近一些，两个人似乎没有交集。三毛曾经在巷子里远远地见过那个人，没有交谈，只是看过那么一眼，就转身关上了家门。那个男孩子，每到寒暑假回到香港，就会寄来当地风景的明信片，说着“有一天，等我毕业了，我要娶你，带你来坐轮渡，看香港的夜景”这样朴实浪漫的句子，带着满满的热情和爱意。

三毛并没有告诉家人，也不曾回信，偶尔出门时遇见了，他温柔而沉着地望向她。三毛径直走过去，几步之后，才回头看他一眼。这一眼，不知在两个年轻人的心里，各自泛起怎样的涟漪，也正是这像老照片一样神情模糊的回眸，让那个男孩子在两年中坚守着单方面的约定。

或许这坚守也不仅仅是两年而已。毕业后，回港之前，他在那封告别信中，详细地写清了父亲的工作地址、家庭地址、电话号码，还说明了自己未能登门求亲的理由——“生怕你因此见责于父母，而是耐心等着你长大”，“我知你家教甚严，此事还是不该瞒着父母。

请别忘了，我要娶你。如果你过两三年之后同意，我一定等待……”[①]

但那时的三毛并没有精力应对感情的事，她还沉浸在灵魂的修补中，学校教育简直将她的精神世界拆散得七零八落，恋爱与结婚都“不能点燃生命的火花”，所以对于这份深情，她终究是辜负了。直到后来，那些信件开始更改了寄出地，变成英国，收信的三毛仍旧是淡淡的，不能说没有期待，却始终只能以沉默回复这份深情。

在那个时候，爱情对于三毛的意义，究竟是怎样的呢？

许多人都认为，如果没有荷西，没有沙漠，三毛也不过是个平凡的、无病呻吟的文字匠而已，或许甚至不会被认可为“匠”。但真的如此吗？到底是爱情和流浪成就了三毛，还是三毛对人间的体验成就了爱情和流浪的意义？这或许并不是难以得出答案的问题，却总会让人陷入庄周梦蝶的困惑。

进入大学后，正逢姐姐陈田心适值婚龄，做媒的人几乎踏破了家里的门槛，被姐姐婉拒后，媒人们转而盯上了年轻可爱的妹妹。三毛说自己最恨这种话，衣服穿姐姐剩下的也就罢了，怎么婚姻也是要“拿次级货”？除了不满，还有对“姐姐一说肯做做朋友，妹

① 引自《求婚》，收录于三毛作品集《闹学记》，三毛著，哈尔滨：哈尔滨出版社，2003年版。

妹心里就想抢”的不服。不过姐姐很快就找到了意中人，在三毛看来，姐姐是“笨”的，太过老实，跟对方看过几次电影便嫁掉了自己。

可是，对三毛自己来说，爱人啊，“什么时候你会放你的小舟来渡我”①？

她在等。在考试、雨季和茫然的思念中，她在等那个人。

三毛非常理智，她清醒地知道，自己“活在一种对大小事情都过分执着的谬误中”，大大小小、无穷无尽的琐碎烦恼，在连日缠绵的阴雨中泛滥奔流起来。她装作积极地面对学业、生活，然而心里总是浸润着哀伤和无望。

可能生命的本质就是如此，不去思考活着的困惑，便仿佛感受不到虚度光阴的毒害。

三毛在等谁呢？等一个可能拯救自己的伙伴，还是一段新鲜的感情？

因顾福生结识的好友陈若曦，鼓励三毛申请进入文化大学读书，三毛人生的新纪元由此开始。

文化大学是台湾著名的私立大学，位于阳明山，刚刚创立时只

---

① 引自《月河》，收录于三毛作品集《雨季不再来》，三毛著，哈尔滨：哈尔滨出版社，2003年版。

有两百多名学生，三毛便是其中之一。再次踏进学校的大门，又与这个世界产生联系，她尚未来得及品尝同龄人的欢愉，便摘下了爱情的苹果。

这一次，与以往任何一次朦胧的动心不同，三毛真切地感受到自己恋爱了。那个男孩子叫梁光明，是戏剧系的才子，比三毛高一个年级。

如果没有光，飞蛾怎么知道朝哪个方向飞呢？在环境优美的阳明山上，她很快就把大部分的注意力投放到了梁光明的身上。

或许爱情是这样

爱情是彩色气球，无论颜色如何艳丽，禁不起针尖轻轻一刺。云淡风轻，细水长流，何止君子之交。爱情不也是如此，才叫落花流水，天上人间？

——三毛《爱情》

梁光明，一如其名，在人群中是一个特殊的存在，远远看去，外表出众而有才华，的确称得上熠熠生辉。当时梁光明已经出版了两本文集，笔名是“舒凡”，在校园内外都有很多拥趸。三毛很自然地被他吸引，但梁光明是非常难以接近的，很多女孩子兴冲冲地去表白，却都铩羽而归。

三毛是多么执着的人呢？她固执地认为，这个人是属于她的，他也在等待着她。她一直无比坚强，怎么会被他高冷的表象击退？小时候的三毛就是如此，骑着脚踏车不小心掉到废井里去，摔得再厉害，也能自己想办法爬上来，对着膝盖上深可见骨的伤口淡然道：烂肉里的一层油就是脂肪，“好看好看”；十三岁的时候遇到军校生，假装十六岁“骗”到了第一个男朋友，然后又不知从哪里来了“各方男朋友”——她大方地对着家人介绍这些男孩子，并不扭捏矫情。

可是遇到梁光明，一切都不一样了。

这时候的三毛已经在蜕变，她不再是把爱情当作扮家家酒的懵懂少女，她已经懂得，在俗世中，爱情的终点是婚姻。她要把握住这个男人，并且让他成为自己的丈夫，永远地陪伴自己，引领她离开现在的迷惘。

这一次的恋爱，称得上三毛真正意义上的“初恋”，在父母的默许下，三毛开始了百折不回的追求。梁光明对待热情的三毛，与他看待之前向他示好的其他女孩，起初并无二致。除了日常的家教工作、写作，为广播公司写一些广告词以外，三毛几乎将所有空闲时间都用来接近梁光明。

她在能够找到梁光明的几乎所有角落与他同时出现，向他邀约，请求见面，甚至大胆得不像个姑娘——走到他面前，抽出他衬衫口袋里的钢笔，在他手心写下七位数字的电话号码，却不敢面对他的回应，急急忙忙地跑掉。

等待电话的过程是煎熬的，如同她追求爱情的道路，充满曲折。

她神思恍惚，却异常坚定："我不管这件事有没有结局，过程就是结局，让我尽情地去，一切后果，都是成长的经历，让我去——"

终于，在一个傍晚，电话铃声响起。"是我是我是我。"三毛忙不迭地应答，生怕是好梦一场，七点钟，那个梦寐以求的邀约，他们在火车站的铁路餐厅见面。

从此花前月下，渴慕着灵魂完整的两个生命，在爱与被爱、陪伴与追逐的过程中，获得了短暂相守的幸福。

爱情可以拥有一百万次，爱人可以拥有一百万个，然而终身伴侣只有一人。显然，梁光明并不是她的那个唯一。他们对爱情、婚姻的看法，存在很大的矛盾。三毛虽然总说不在意结局，可似乎如果不以婚姻作为两人爱情的结果，一切都显得太过缥缈，让本就缺乏安全感的三毛惴惴不安。

但梁光明并不是这样认为的。转眼之间，三毛大三，而他即将毕业，对于未来的日子，男儿固然要志存高远，立业后再考虑婚姻，但是三毛不依，妻子是她最憧憬的角色。那时的她，多想像母亲一样有幸福稳定的婚姻生活。可是眼下看来，梁光明给不了她想要的，这种态度让三毛恐慌起来。她发觉，事情的发展走向似乎与她理想的样子完全不同。

这是矛盾的起点，也注定了结局。

他们有过争吵，一个沉默地对峙，一个歇斯底里地质问。两个人的性格中原本就存在格格不入的部分，三毛太需要西式的开放表达，而梁光明并不善于将内心摆在他人面前。三毛的家人并不责怪梁光明的选择，父亲认为，那是个“好青年”，他也的确是正直的、温柔的好人，“他激励了我的女儿”，给了她“爱情正面的意义”①。

三毛说，那是她真正的初恋，梁光明是她刻骨铭心、永恒不忘、第一次真正爱上的人。

在她看来，初次求婚是那次为了“匪兵甲”向上帝祷告。这次对于梁光明的婚姻请求，是第二次。她“求了又求，求了又求，哭了又哭，哭了又哭”，“死缠烂打苦爱”②，令两个人都遍体鳞伤。

相爱或许产生于刹那激情的火花，但相守却强求不来。

如同相遇一样，雨季里忧郁的心绪，对纯粹爱情的向往，对另

---

① 引自《二小姐》，收录于三毛作品集《闹学记》，三毛著，哈尔滨：哈尔滨出版社，2003年版。

② 引自《求婚》，收录于三毛作品集《闹学记》，三毛著，哈尔滨：哈尔滨出版社，2003年版。

一个纯净灵魂的渴慕，在孤独前行的年少岁月里，都会刻下深深的印迹，然后彼此挥手告别。

其实，他们不必告别，因为那两个孤独的灵魂，在交汇的刹那擦出激烈的火花，足以照亮长年累月的孤独。

至于人生，还是各自去经历吧。如果停留在这里，终究还是会情难自禁，她还会被旧情旧事唤起对爱情的冲动，与其痴缠，不如两散。

三毛的内心同父亲一样，感谢梁光明的出现，感谢他彼时的拒绝，才有人生后面的精彩。眼看就要毕业，但三毛并没有坚持读完大学，而是选择前往西班牙留学。

语言不通可能带来的艰难，异域飘零要面对的坎坷，对三毛而言，都比不上留在这片伤心地的难堪。

留学也并非为了什么。三毛从来没有拯救世界的梦想，她的心实在很小，只想做个再普通不过的人：

收破烂也好，推着卖竹竿的小车，上面挤满了木屐、板凳、锅碗、洗衣板……全套家家酒的装备，像个梦一样，吸引着她的目光；做不成收破烂的，卖酱菜也好，一盆一盆、一碗一碗，色彩斑斓得像个缤纷的美梦，酸甜苦辣，人生滋味尽在其中；如果还不成的话，那就开一间杂货铺，货架上摆满了玻璃瓶，里面尽是孩子的渴盼，坐在柜台后面，把期待放进孩子的掌心，也是美差一件；如果这还不行的话，那不如就守在药房里，磋磨着拥有美丽而诗意名字的中药材，安守着岁月，像魔术师一样将一个一个小小抽屉里的草根树皮翻出来，变成一包一包的希望，安慰那些受伤的灵魂……

简单质朴的身份角色，其实根本满足不了她。她是极乐鸟，是无法停留在静止画面中的过客。匆匆来去，琐碎繁杂的生活无法捆绑她的双翼，她要的不是安分，不是等待，是不断地追求、寻觅，不是为了终点而栖息，而是因为流浪一次次离开。她属于风，以飘萍为姓名。

或许，三毛还是要去追求那个理想的婚姻对象——艺术家。

梁光明身上的艺术气息曾经令她自觉距离成为艺术家的妻子更近了一步。她渴望着为艺术奉献自己，恨不得号啕大哭，让那些用作品震撼了她灵魂的艺术家等一等，等她长大，等她来到他们身边，等她虔诚地奉献自己的爱情、婚姻和灵魂。这种渴慕是卑微的，是匍匐于艺术脚下的崇敬，是甘于割舍尊严的祈求，那些艺术家在她眼里都是不可企及的“远天的繁星”。

在三毛心中，像毕加索那样伟大的艺术家，能够看透女人的骨肉，用极简的线条勾勒出灵魂。三毛渴望被看穿，渴望被了解，渴望被表达，渴望被认可。然而，成长是缓慢的，三毛没有等到艺术家的爱，也不得不将这份浓烈而狂热的情感稀释，化为对一切艺术形式的动容，在画册、画布、画展、笔墨、书香、讲稿里，融进美和感动。

1967 年，三毛离开了这片生活了二十几年的土地。

对父母来说，她离开了家，但是对她自己来说，她正在实践一种哲学的践行。在想象中，西班牙是自由的，俏皮的小毛驴、粗糙而可爱的小白房子、一望无际的葡萄园……都是令人神往的。除了对西班牙画家毕加索的热爱，还因为她偶然听到西班牙古典吉他的声音，又一次感受到艺术的魅力。

三毛说，学校不能给予的教育，都可以在广阔的世界中得到。她渴望离开家所能辐射的范围，挣脱束缚，在自由的空间里翱翔。哲学是抽象的，有着无力的苍白，唯有身临其境地去感受世界，才能真正懂得那些哲理的意义。

每一个生命降临在这世界上，大约都是被赋予了使命的。有时我们执迷于眼前，而错过了可以翻天覆地的机遇。偏执的人总能做出大事来，正如三毛，她要一条道走到黑，不到黄河不死心，不见棺材不掉泪。

这样的人坚定执着有信念，旁人无论怎样劝说都无法动摇她的意志。如果现在的世界不令她满意，她便造出一个理想国来；若万物不令她满意，她便去改造万物；若自己不令自己满意，她便狠下心，动手重塑一个全新的自己。

因在家中是不上不下的老二，三毛自觉是个无足轻重的人，便越发无负担地任性起来，奔向那片向往已久的辽阔天地。若是停下来，她便总是觉得日子缺了些什么，空虚、寂寞却又忙碌。

三毛并没有怨怼世界，她生于动荡，从记事起，便在漂泊的路上，见识过大千世界、种种形迹，对未知的一切充满好奇。

为求安全，三毛自小便与父母一起困于一方天地，羽翼丰满后，她便要逃出所有令她不安的囚笼。

流浪无需意义

总有一天她会不再是个女孩子，她会成长，她会毫不逃避的去摸索自己的痛苦，幸福的人会感受到某些人一辈子都尝不到的苦果。

——三毛《月河》

离开家时，三毛的口袋里只装了五美金现钞，外加一张七百美金的汇票单。

这一点微薄的资助，是父母仅能提供给她的关爱。临行前，她缓缓跪下，对着年近半百的父母磕了一个头，她没有流泪，反而是笑着深深地看了他们一眼，什么都没有说，然后决然地离开，甚至没有转过身来，对着家人挥一挥手。

母亲扶着栏杆痛哭起来，父亲强忍泪水，他们心里知道故作坚强的女儿有多么难过。

三毛硬撑着，步履从容地上了飞机。其实她心里极为恐惧，此行前途未卜，要面对的是不可想象的艰难。

三毛乘坐的航班刚抵达西班牙时，父亲的朋友来机场迎接三毛，为她安排了住处。

异域求学的日子，开始时殊为不易。语言不通让三毛陷入了孤立无援的境地。三毛没有认识的人，也无法用熟悉的语言与他人畅快沟通，在那段日子里，父亲形容她“做了三个月的哑巴、聋子”。

可她那么坚强，尽管唯一的精神寄托是家信，收不到信的时候会惶恐、流泪，收到了信便在房间里不停地写着回信，但她从不曾说过辛酸苦楚。

在半年的时间里，三毛始终在不间断地读书。她没有规划未来的生活，也没有办法做出规划。如果说，三毛离开台湾前的日子是封闭的、自我的，那么离开台湾便是她重新发现世界的一次尝试。在热情的马德里，三毛逐渐与时常厌弃生命的自己和解，也开始将胸襟打开，接纳世界的善意。

谁也不知道她是怎样啃下来那些厚厚的教科书，以最快的速度掌握了外语，结交到许多朋友。在正式进入马德里大学后，她终于得空在信中追问梁光明的消息，虽然无法直面这段感情的结局，其实还是挂念他的。

多姿多彩的异域生活，很快让她对世界产生好奇。一年后，她给父母的信已然换了新的内容，她不再苦苦哀求得到更多关怀，而是兴味盎然地介绍起自己的情况。

她在信中说，她每天可能是在去上“现代诗”抑或“艺术史”“西班牙文学”“人文地理”课程的路上；也可能在研读中世纪神学家的作品；还可能坐在咖啡馆里，在明媚的阳光下品尝他乡的滋味；又或是与奔放的西班牙姑娘、小伙子跳着舞；甚至搭上便车，随便去什么地方旅行；然后三五同学邀约着去听一场歌剧……

总之，三毛变得不一样了。

三毛入住名叫“书院”的女生宿舍后，楼下开始响起西班牙男孩们浪漫的歌声。三毛这个中国女孩，受到了特别的欢迎和喜爱：最后一首歌，一定是特别指明送给她的。她也会接到来自宝岛台湾的催稿，有编辑惋惜她没有继续写作，但她忙于感受新生活的快乐，只叫人家等着。谁知道要等到什么时候，或许只能等到她的灵魂实在忍不住倾诉之时，她才肯动笔。

这就是三毛希望拥有的，脱离了父母周到照顾的自由人格。可是离家的自由也要付出代价，首先便是要过好社群内的集体生活。

尽管离别时，父母一再叮咛，要忍耐，要有教养，“退一步海阔天空”，但是三毛想了想，如果忍让只会让自己难过，那还不如做真实的自己。

作为第一个入住的中国学生，又住在四人间里，自然会引来围观。同时，这也是三毛第一次进入集体生活，在家里，她总是被隔离开的。为了让父母放心，她殷勤地汇报着自己正在践行父亲要求的“处处退让”原则，外国学生也并没有欺负她。

一开始的时候，同学们很关照初来乍到的三毛，愿意教她说话，也会有男同学借给她笔记，三毛也保持着谦恭有礼，温和地对待每个人，一次也没有发过脾气。因为每天早上九点钟要检查内务，所以宿舍里的每个成员都要早早起床，整理好床铺，打开窗户换换空气，扫干净地面上的垃圾灰尘，擦擦桌子，换掉花瓶里的水……

一般来说，这些事情总要大家一起来做的，然而，不知道什么时候开始，三毛开始被迫包揽了这些工作。尽管她提出了抗议，室友们也愉快地答应下来，但第二天仍旧一如既往。

三毛带到西班牙的衣服很多，不出半年，她的衣柜竟然成了“共享衣柜”，每天都有不同的女孩子来“借”穿她的衣服，三十六个女孩子轮番上阵。大家赞美她是“太阳”“美人”，谈笑间打开衣柜，不问自取。

“糖衣炮弹”并没有击倒三毛，她开始感觉到这种相处不那么愉快。虽然中国人骨子里是谦逊有礼的，但也非常保守，注重私人空间。加之三毛没有男朋友，下课之后总在宿舍读书，便更容易成为众人使唤的对象——“帮我收一下衣服”，“帮我熨烫一下裤子”，“晚归为我等门”，“给我留份饭菜”，“帮我卷一下头发”，这些事情无比琐碎，让人不胜其烦。

大家都喜欢三毛，不仅因为她真诚可爱，更因为她简直是众人的“妈妈”。选举学生代表时，大家都高高举起手来投三毛一票，但显然是要让她来做这些杂事。

三毛不由得开始反思：怎么中国人这套“吃亏就是占便宜”的理论，到了西方国家就变成了把人当傻瓜的游戏？

一天晚上，众人违反规定，偷偷喝酒，疯疯闹闹，三毛开窗表示抗议，女孩子们的吼叫声引来了管理院长。三毛被欺负得忍无可忍，抓起扫把狠狠地教训了那些女孩子，也淋了院长一身的水。

三毛这次“发疯”，反倒让那些女孩子对她的态度变得恭敬起来。她们将借去的衣服洗干净，帮她整理床铺，任由她用唱机播放中国京剧，从前那些她被迫为别人做的事情，如今都有别人在做。

三毛思忖着：奇怪了，原来任着性子去做事情反而收效甚大。三毛本来被要求向院长道歉，但她执拗不肯，僵持了一个月之后，这次事件在院长主动邀请的会谈中，终于得到了解决，二人握手言和。

三毛总结出，“有教养的人，在没有相同教养的社会里，反而得不着尊重”。

这些都被写在信中，寄到遥远的东方，父母起初颇感欣慰，但很快不胜其烦，因为三毛有时一天就写一封信，事无巨细都要向父母汇报，还催促着父母尽早回信，以慰乡愁。这种近乎苛刻的要求，给不善表达亲情的父母带来了巨大的精神压力。

这个时候，轰轰烈烈的“五月风暴”到来了。

1968 年 5 月 28 日，这场运动达到了最高潮，占据法国人口五分之一的 1000 万工人罢工，300 多个工厂被工人占领，30 多所大学被学生占领。整个西方世界都受到了巨大的冲击，理想主义浪潮席卷了整个欧洲。

西班牙也不例外，每天到了中午下课的时候，维持秩序的警察和抗议的学生总是扭作一团，三毛好奇去闹学潮的女孩子们，为什么在谈起到街上游行的时候就如同“上街买了一瓶洗头水一样自然”，可身为外人，她也不好多说什么。

革命也不能耽误考试，在宿舍为期中考试烦恼的学生们，为了能够及格、不被赶出宿舍，只好拼命苦读，念书的愁容随处可见，校园里没有吉他声，也不再有伴着音乐翩翩起舞的身影。

没过几天，因为学潮的关系，大学城里的学院停课了，复活节的假期提前到来，考试被取消了。

整个宿舍里总共三十六个女孩子，这一天，有三十五个都在兴高采烈地打包行李，准备回家。三毛孤零零地看着她们忙碌，内心不由得萌生了感触。她联系了班上的外国同学，谈好分摊汽油钱，开始了为期八天的旅行。

但是因为资金不够，三毛被迫结束旅行，提前回到宿舍，此时女佣人艾乌拉已经离开：宿舍要关闭，不能住在这里。

陷入如此困境的同时，她还要负责照料宿舍的“福星”——小鸟安东尼。

无奈之下，三毛只好又住到劳拉小姐那里。在进入学院宿舍之前，三毛曾经在她的房间住过三个月。尽管时时要操心水、电、煤气的问题，但与劳拉小姐相处还算融洽，这么看来，倒不失为一个不错的栖身之所。

谁知刚刚抵达公寓，一只恶猫扑上来，吓得安东尼昏了过去，三毛因为抓猫也受了伤。清晨这只猫又突然袭击，在黑暗中抓着鸟笼往外拖，三毛顾不得太多，惊慌地去抢救安东尼，打开笼子才发现，那只脆弱可怜的小鸟已经断了一只脚。

她心疼地为安东尼包扎，又联系了同学，想要将安东尼寄存几日。没想到，这些人平时可以一起唱歌、跳舞、喝咖啡，但是一说到正事，全都表示拒绝。三毛心里更加苦闷，深感孤单与惶恐。在众人讶异的目光下，三毛带着安东尼在街上走了许久，最后还是回到公寓，从早到晚守着这只仿佛被全世界遗弃的小鸟。

他们成了临时相依为命的伙伴。在三毛心里，这不再是一只普通的鸟儿，而是她在背井离乡的日子里第一次付出耐心与关爱的生命。

三毛为安东尼换水、喂小米。三毛写信、读书时，安东尼在阳光下唱歌舞蹈。很快，他们成为彼此心灵的依靠，哪怕回到学生宿舍之后，三毛也经常对小鸟倾吐心声。

可是没过多久，三毛就失去了它。

人间故事多

我一面站在车内向他们挥手，一面大叫着我无法确定的诺言，就好似这样保证着他们，也再度保住了自己的幸福一般，而幸福是那么的遥不可及，就如同永远等待不到的青鸟一样。

——三毛《去年的冬天》

女孩子们以“春天来了”为由，将断过腿的安东尼放飞出去，惹得三毛哭了一场，又因为安东尼杳无音信，渐渐被遗忘。

一场冰雹过去，三毛在废园里的玫瑰棚下看到了安东尼的尸体，再也忍不住颤抖起来。

空气中充满玫瑰的芬芳，阳光下是女孩子们的欢声笑语，而三毛的那个伙伴——异域的第一个贴心伴侣，安东尼再也回不来了。

在西班牙读书时，三毛结识了很多朋友，这些人萍水相逢，一起喝酒、品尝咖啡、跳舞、高歌，却很少能够走进她的心里。他们仅仅是过客罢了，尚不如小鸟安东尼能给人带来心灵上的安慰。

在马德里，三毛不太安分。她总是不满足于一成不变的学校生活，尽管她读书非常刻苦，但只要有空，她总要出去走走，巴黎、慕尼黑、罗马、阿姆斯特丹……旅费不足时，她便吃着最便宜的白面包，喝着自来水，只要心情愉悦，口腹享受完全可以抛之脑后。

马德里的旧货市场是三毛经常游逛的地方，那里总有很多“惊喜”等待着她，能得到“拾破烂”的幸福，也能更深刻地体会到这个城市古老而鲜明的艺术气息。

来到西班牙不久，三毛便迎来了西方最盛大的节日——圣诞节。

她在朋友家第一次见到了荷西。这个男孩子热情活泼，彼时刚刚十八岁，在读高中。荷西的父亲以撒拥有一大片橄榄树林，家境称得上富裕。荷西家里一共有八个孩子，他排行老七，上面有两个哥哥、四个姐姐，下面还有一个妹妹。他的哥哥夏米叶是个钟爱艺术的人，妹妹伊丝帖真诚善良，都是三毛的好朋友。

荷西的功课并不好，而且家里对子女的学业供给其实非常吝啬，连买个练习本都要看父亲的脸色。当时的荷西还没有蓄起胡子，是个朝气蓬勃的英俊男孩，三毛也曾经想过“如果有一天可以做他的妻子，在虚荣心，也该是一种满足了”。可是他们的年龄毕竟悬殊——三毛出生于 1943 年，而荷西出生于 1951 年。

荷西带着十四块西币前来，尽管只能在附近影院一起看场电影，也很让人满足；旧货市场里“拾荒”的感觉，从沙里淘金的惊喜中收获快乐；踢球、打雪仗的简单游戏，也能在精疲力竭的同时得到愉悦……

尽管三毛只把荷西当弟弟来看，可是少年荷西并不这样认为——很小的时候他就许愿要娶个温柔的日本新娘，黑头发、黑眼睛、可爱、真诚的三毛虽然不是日本人，但完全符合他的择偶标准。他开始频繁逃学，捏着自己的帽子，在宿舍楼下紧张地等待这个东方女孩。同学们总是嘲笑三毛的“表弟”又来找她，这让她意识到，可能有什么地方不太对劲了。

荷西爱上了三毛。

这个东方女孩那么神秘、美丽，仿佛有一种魔力。他对三毛说：你就是我理想爱情的样子！有一间小公寓，他工作养家，下班回来，推开门就能见到笑着为他洗手做羹汤的妻子。他请求三毛等一等，六年，只需要六年，他上大学、服兵役，然后就来娶她。

三毛想，相差太多了，不行，必须让这个男孩子赶紧死心。

她对荷西说："那是不可能的，你回去吧。"

在雪夜里，荷西仓皇失落的背影，几乎让三毛软下心来唤回他。但是这份感情太荒谬了，三毛并不觉得荷西是适合自己的人。他还只是个孩子！

为了更彻底地拒绝荷西的追求，三毛很快交了一些其他朋友，其中有一个家境优渥的日本同学。这位同学家里经营着马德里最豪华的日本餐馆，以金钱为资本，向三毛发起热烈的攻势。三毛是庄重的女孩子，只敢收下巧克力糖和鲜花——所以宿舍里每天都会摆放着这位日本同学送来的花。

两人以日语沟通，日本同学很有耐性，对三毛非常疼爱。但是鲜花和糖果不是白送的，不久，他买了一辆新车作为订婚礼物，向三毛求婚。

三毛身边的人都劝她嫁给他，可三毛十分心虚，紧张到流下眼泪：哪里想到收了礼物就要嫁人呢？

日本同学也哭了起来："不嫁没关系，我可以等。"

三毛慌了，然后又收了德国同学约根送的花。他们一起走在街上，遇到了荷西，荷西苦涩地笑着，故作大方地与情敌握手，亲吻三毛的面颊，然后假装若无其事地告别。日本同学更是伤心，甚至要自杀。三毛躲起来不肯见面，他就在宿舍门外的大树下痴痴地望着窗户，三毛躲在窗帘后面，在心里一遍遍默念着“对不起”。

其实，这谈不上辜负。三毛很深情，这份深情足以让她看上去不那么凉薄。但并不是每一份爱意，她都能给予回应，或许在相处的瞬间有心动的感觉，但那绝没有走到婚姻的一步。在一段段无疾而终的感情里，三毛没有得到更多的指引，有爱也未能令她得到踏实的满足。她还是要走的，要不断地飞行，不停地离开。

为了筹措旅行和读书的费用，三毛在马略卡岛——肖邦和乔治·桑度过蜜月期的那个地方，做了三个月的导游，赚了些钱，体会到了这里的浪漫。

三毛拿着用工作酬劳买的机票去了德国。在这里，她被批准提前住进坐落在邻湖的小树林中、由十数幢三层的小楼房组成的自由大学学生宿舍村。

这次前往德国求学的机会，三毛是凭借马德里大学（马德里康普顿斯大学）文哲学院的结业证书申请到的，目标是西柏林自由大学的哲学系。

在一切都顺利的情况下，语言再次成为难以逾越的障碍。学校要求她尽快进入歌德学院读语言，一年内如果能够拿到高级德文班毕业证明书，就可以进入自由大学。

那段日子里，三毛“一天到晚就在念书，对德国的人和事，完全讲不出来”。她眼中的德国，不过是“上学的那条路和几个博物馆、美术馆”。歌德学院的学费昂贵，课程安排也非常紧，每天除了保证上课的五六个小时外，还有大量的功课和背诵内容。三毛每天要花费至少十六个小时努力学习，极为艰辛。

为了早一点对父母辛苦的供读有个交代，加之本就好强、不肯服输的个性，三毛在课业上从不懈怠，凡有考核，必求满分。三个月过去，曾经连“早安”都不会说的她，最终拿到了“最优生”的成绩单。

邮寄了成绩单之后，三毛激动得流下热泪，那咸涩的泪水里，除了满满的成就感，还饱含着每日以饼干、黑面包泡汤度日的辛酸。

三毛变得懂事，这与她年少时的叛逆并不矛盾。或许敏感的孩子总是容易激动，但这并不妨碍她心疼父亲为养活一家人付出的辛苦。独在异乡，除了凄苦孤单的悲凉心情，还有经济拮据的压力。

三毛说：“那一块块面包吃下去，等于是吃父亲的心血，如何舍得再去吃肉买衣？”所以她加倍努力，将物质上的欲望降到最低标准，希望早早达成学业目标。

很快通过初级课程的三毛，因为过度透支和努力，被老师心疼地劝说休息一阵再继续学习。但三毛怎么肯呢？生活费只有这些，如果停下来不读书，也要开销，所以她咬着牙，坚持继续攻读中级班。

随着课程的升级，难度也越来越大。即便有着擅长的德文配音科目，这也并没有减轻三毛的压力，听写时一千多字的报纸文字错了四十四个，这样的成绩令她号啕大哭，仿佛世界末日来临一般。

物质上的匮乏，也让三毛过着窘迫的生活。几乎每天晚上，她都要修补鞋子。时值冬日，三毛的鞋子穿脱了鞋底，还有一个大洞，因为上学路上要踏着雪，所以穿着两双毛袜还要套上塑胶袋，因为要等公交车，鞋子外面还要再包上一层袋子，然后用同色系的橡皮筋勒紧鞋底、鞋面，只有这样才能防滑。

进了大学城，遇到同学之前，爱面子的三毛便需要取下外面的塑胶袋。这样一来，走在路上，别人便看不出这是一双坏掉的鞋子。可破洞总是要渗进雪水的，进了教室，三毛便急急忙忙在暖气旁边坐下烤脚，但终究不可避免地生了冻疮。

同学们不知道她的苦楚，只当她爱美，零下十几摄氏度还不肯穿暖和的靴子。她们哪里知道因为鞋码太大，三毛在柏林根本买不到合脚的鞋子，定做又是一笔负担不起的费用，也不愿向父母讨要这笔钱，只好这样将就着，期盼着寒冬早点过去。

凡事相信，凡事盼望

只要我们记得，没有一件事情会真正地过去。

——三毛《一个星期一的早晨》

宿舍的集体生活也并不愉快。初入大学城，听说宿舍是男女混住、每人一间时，三毛还是很高兴的。没有室友也没有管理员，似乎是独立自由的，自己为自己负责，才是最大的负责。

三毛的房间在整条走廊的倒数第二间。她入住后不久，一个冷冰冰的金发冰岛女孩便搬了进来。这个女孩对三毛的态度非常不友好，却对男同学格外亲热，可三毛并不在意，毕竟她正苦读德文，每天忙得连睡觉的时间都没有，更没有心思关注这位室友了。

起初，冰岛女孩经常外出，夜里很晚才回来，基本上没有打扰到三毛。可是两三个月之后，女孩的男性朋友们总是在隔壁房间喝着啤酒狂欢，放着嘈杂的音乐，兴奋的尖叫声时不时响起，严重干扰了三毛的夜读。

一天夜里，在与三毛共通的阳台上，冰岛女孩与朋友裸奔，三毛终于忍无可忍，敲响了隔壁的房门。被允许进入后，三毛面对着赤裸的三男两女，要求他们放低音量，却被推出门外。

三毛知道，与内心忠厚的西班牙人不同，这些人并不听劝。于是，三毛破天荒地旷了课，去寻求学生顾问的帮助。这位中年律师提出，并没有其他人投诉冰岛女孩，拒绝了三毛的请求。

既然需要证据，三毛很快准备好了录音带，要求学生顾问解决问题。一个星期之后，这个不安分的室友搬走了，三毛的生活又恢复了从前的宁静。

三毛身在他乡，孤立无援。虽然也有“中国同学会”，但因为三毛并不是从中国直接到德国求学，而是从西班牙辗转过来的，并且她当时交往的男朋友约根又是德国人，也没有时间参加集体活动，所以极少来往。

加之国人不但不能给她安慰，反而在背后议论她很不“中国”。

他们谈论她来自西班牙，穿着漂亮的裙子，与隔壁同学争执，有个德国的男朋友。三毛忍了又忍，对待自己的同胞，她总能克制住暴躁的脾气，却在心里暗暗不忿。

三毛这位德国男朋友约根，也未能给三毛更多温暖。德国人骨子里的严谨认真，在他身上体现得淋漓尽致。求学时代，约根便以成为外交家为目标，日日苦读，撰写论文，最后的确实现了理想。

他绝对不肯将时间花在风花雪月上，睡觉时都要在枕头下放上录音机，播放白天读过的书，争取在梦中温习一遍。与三毛约会时一同念书，不可以讲闲话，更不可以说笑。而且，即便是这样的约会，也不是每天都有。虽然都住在宿舍村，但是只有当德国男友将台灯移到窗口，发出约会暗号的时候，三毛才被允许进入他的房间。

在那些向窗外张望的日子里，三毛坚守的是爱情吗？那可能并不是爱情，而是陪伴。

约根希望拥有的是配得上他未来外交家身份的妻子，当他看到三毛的听写成绩后十分不满，责备三毛一番后，还埋怨道："将来你是要做外交官太太的，你这样的德文，够派什么用场？"[1]

---

① 引自《倾城》，收录于三毛作品集《倾城》，三毛著，哈尔滨：哈尔滨出版社，2003年版。

三毛当然不会再忍耐，难道就那么稀罕做你的夫人吗？道不同，分道扬镳也罢。三毛奔过雪地，回到自己的房间，将湿到了膝盖的长裤和浸透雪水的鞋子放在暖气上烘烤。

三毛拿起笔，想给家里写封信，诉说这场不如意的考试以及对前途的困惑，可是写到中途又茫然地停下，不知道如何写下去。窗外猫头鹰仍在怪叫，让她连窗帘都不能拉开。静谧的夜里，三毛做完功课，准备睡觉之前，拿起那些绑鞋子的橡皮筋准备第二天上学的时候再用，突然悲从中来，伏在床沿哭出了声音。

那是 1969 年的 12 月 2 日，她很清楚地记得。

她开始思索：这条路，终究要一个人走下去，不管布满荆棘，还是覆盖白雪。自己在追求什么呢？在这样难以言说的艰辛中，自己执着寻求的、努力追赶的，是什么呢？在那个德国男友身上，自己是得到了爱，还是安全感？在日复一日的苦读中，是拥有了希望，还是理想？

三毛开始产生疑惑：自己怎么会放弃家中的温暖舒适，来到这个冷漠的国家受罪？现在的痛苦，较之小学、中学时代在学校遭受的屈辱，哪一个更让自己难堪？

哭得太累，冷得太甚，伏案太久，让三毛得了备受折磨的神经痛，但生活和爱情仍然未能给她一个答案。

第二天，三毛起床迟了，抓起书本就跑向公交车站。路上只觉鞋子一开一合，原来是忘了扎橡皮筋。神经痛更是作怪，导致她走起路来摇摇晃晃，一瘸一拐。

一定已经错过了第一节课。但站在路边的三毛，还是没有想清楚，这些痛苦究竟所为何来。然而，这样长久地站下去绝不是办法。三毛骨子里的悲观早就压抑不住，她想着“死好了，死好了”，然后就那么决然地奔向柏林墙。

二战后，战败的德国被一分为二，东部的苏占区成立了德意志民主共和国，西部则被美、英、法三国占领，成立了德意志联邦共和国，首都柏林也因此被分为“东柏林”和“西柏林”。1961 年，苏占区（即民主德国）修建了柏林墙，阻止东德居民向西流动。

三毛在西柏林求学，要办理过境手续才能去东柏林，这样一来就要接受毫无人道的排查。原本计划好的圣诞假期旅行，被提前实行。与同宿舍的男生约定好，为了省一张机票钱，在边境上要排很久的队，而三毛的身份是中国人，当时用的是台湾的旅行证件，很难被认可，一开始就会卡在签证问题上。

然而，三毛忙于学业，哪里有时间去解决过境签证的问题呢？巧的是，她这时被病痛和压力折磨得神志恍惚，索性决定择日不如撞日，就此在树丛雪地里埋下书本，带着身上仅有的二十块美金和旅行证件，到了东柏林的关卡车站，去办理过境的签证。

在这里，如果西柏林的居民提出当日往返的申请，还是可以通过的。然而，东柏林的居民却不被允许到西柏林这边来。排了许久的队，旅行证件和申请表格被东德的文职军官收上去，等待问询。三毛如坐针毡——一方面是坐骨神经实在痛得厉害，一方面是总觉得有人透过办公室的窗子观察自己，如芒刺在背。

三毛十点多从宿舍出门，等到了一点多才被广播叫到名字。台湾旅行证件果然不被承认，三毛拒绝了问询军官提出的参加旅游团的建议——她没有那么多钱。三毛在车站随便走来走去，以观察人们脸孔透出来的故事为乐。不去就不去了，反正是逃学，死都是无所谓的，去不去东柏林也没什么大不了。

就在这时候，三毛感受到的被观察的那股感觉越发强烈起来。她转过身，看到了电影里才会出现的那样帅气逼人的青年军官。

这人长着一双似曾相识的眼睛，他帮助三毛拿到了临时通行证，送她过了关卡。在东柏林凄凉萧瑟的街头，他夸赞三毛的美，告诉她，再回来的时候，应该是见不到面的。三毛没空想太多，过了那道防线后，来到东德的外交部。那本来自台湾的旅行证件，仍被当作新奇物件传看。

三毛拿到签证后，顺便看了展出的越南战争的照片。猎杀者炫耀着他们的战利品，令身在异乡的三毛顿生“亚细亚孤儿”的悲哀。看不得饭店里茶房卑微祈求的笑容，三毛大方地支付了十美金，可心里仍旧憋闷，书店里齐白石的复制品吸引她驻足欣赏，可复制的终究不能带来水墨的美感。乡愁此时满溢出来，让本就昏沉的天空更加幽暗。

返程出关时，检查格外严格。也不知经过怎样的流程，原本以为永不再见的那位青年军官出现了，他接上三毛，送她回到车站。三毛不肯上车，不愿告别。谁都没有说话，黑夜已经淹没两个人的面孔。只有那双眼睛，似口深井，恍若恒星。风吹过来，带走温暖的体温，撩动纷乱的长发，最后一班车，既然已经觉得生命无望，那么……走吧，一起走吧！

三毛疯狂地叫起来：“你跟我走……”如同夜奔的红拂拉住将军的袖袍，仿佛绝望的祝英台扑向梁山伯的石碑。

但是，这怎么可能呢？三毛是西柏林的留学生，他是东德的军官，两人的身份地位决定了他们不能一起远走高飞。

是灵魂在震颤着共鸣，还是那陌生人给予的温暖太过诱人？三毛与生俱来的冷静与感性，交织成冰火，让她终于病倒。被送进医院之后，心如死灰的三毛并没有得到男友约根的探望。如果说爱情是两个不完整的灵魂的结合，那么三毛缺少的一半，如今看来并不是那位未来的外交官先生。

凄冷的病房里，三毛木然听着枯树枝头乌鸦的聒噪，心里默念着不为人知的名字，被人问到是不是去过东柏林，那时的她可曾流下冰凉的泪水？

永不止息的飞行

难道在我的一生里，熟悉过怎么样的风景吗？没有，其实什么也没有熟悉过，因为在这劳劳尘梦里，一向行色匆匆。

——三毛《梦里梦外》

对于每个努力的人来说，刻苦都是成功的筹码。

约根如愿以偿进入了外交部，那是在他们交往两年后了。刻板的约根没有求婚，带三毛去了百货公司，问她喜欢哪个颜色，然后就买下了那条双人床单。

在冰天雪地的柏林街头，他们没有对话，也没有拥抱。三毛想发脾气，最终却噙着眼泪保持沉默。直到退掉床单，约根问她是否“确定不要”，三毛才开口回答“不要”。在餐馆吃饭时，约根突然哭了出来。

一年后，当三毛即将登上前往美国的飞机时，约根又问：“等我做了领事时，你嫁，好不好？我可以等。”

他等了吗？等了，他一直在等，甚至不远千里追到了台湾，可三毛坦诚地对他说：不要了，你是大使，每天要参加宴会、与人应酬，而我不喜欢这种事情。做朋友的时候还好，可以无话不谈，但论及婚姻，仍旧是“不要”。

二十多年后，约根还在等，等那个永远不会答应的女孩说一声“好”。这段感情仍旧没有谁辜负谁，连相爱的标准都不同的两个人，怎么能走到一起呢？

在西柏林只学习了九个月，三毛就取得了德文教师资格。可为这正统的柏林口音所付出的代价实在太大，不如拿这时间好好了解这座城市、这个国家、这段风情。在柏林也并非毫无意义的，深夜街头飞驰的机车，毕加索的画展，都是德国给她的弥足珍贵的回忆。

在德国时，为了赚钱，三毛也会去打工。化妆品公司招聘外表靓丽的日本女孩做香水模特，三毛不解，为什么偏要日本女孩呢？虽然不满足要求，但三毛还是抱着尝试的心态寄过去十几张彩色照片，竟然顺利拿到这份工作。为了两百美金的生活费，三毛在百货公司卖了十天的香水，没有骄傲的感觉，反倒是工作的艰辛和被“展览”的羞愧，让她难堪到恨不得把自己埋起来。

德国并非没有艺术，然而在当时的社会环境下，生活的需求远比欣赏艺术更重要。三毛无法停留在这样的国家，无论从哪个角度来说，这里都没有她想要的东西。

这时，她得到一个前往美国伊利诺伊州立大学主修陶瓷的机会，于是，三毛再度提起行李出发。

三毛有两位堂兄在美国，但他们并不同意三毛离开德国，毕竟没有一技之长，在美国也是活不下去的。

的确，三毛在刚到美国的一段日子里，应聘工作并不容易。她步履沉重地走在路上，头压得很低，感觉前途是那么渺茫。一位陌生的金发青年递上一棵青草，拍了拍这个亚洲女孩的面颊，说着“快乐些”，然后揉乱了她的头发，微笑着送上鼓励。

那是三毛“到美国后第一次收到的礼物”——一棵柔嫩、普通、随处可见的小草，三毛心里万分感激。在遍布迷雾的异域生活里，这份简单的安慰和鼓励给了三毛莫大的力量。在人世间，活着是多么美妙，似曾相识也好，擦身而过也罢，都值得感恩。

到美国一个月后，三毛在学校的法律系图书馆找到了工作。但她的经验还是不足，第一天的工作就闹出了笑话，为两百本书的书页盖上了错误的日期：10 月 36 日。

三毛稳定下来后，才跟堂哥通了电话，还得到了堂哥正在本校读博士的朋友的照料。每天中午休息时，那位朋友总会送来午餐：一块丰富的三明治、一只白水煮蛋、一点水果。他对三毛十分关切，偶尔也会忧伤地问起她，什么时候才能成为他的妻子和孩子的母亲？堂哥不断地劝说三毛，不要错过这个踏实的好人。

可是，爱情是被照顾就能发生的吗？心存感激就要嫁给他吗？

三毛初到美国，第一个住处是朋友事先帮忙租下来的、与两个美国女生合租的木房。三毛抵达目的地时已是深夜，用钥匙打不开反锁的房门，只好用力敲打。屋里或坐或卧着一群男男女女，一个个裸露着身体，身上涂着银粉，吸着大麻，焚着印度香，不时敲响铜锣，像极了某种仪式。虽然不像西班牙求学时隔壁邻居那样扰人，但终归不是同路。

住满一个月，三毛便搬到了一个小型的学生宿舍，习惯夜读的她以为终于找到同类：对间的女孩正在读教育硕士，几乎每天都非常勤奋，打字到很晚。等她停下来，四周安静了，三毛才能就着台灯的光看上一会儿书。

然而，当你不去计较别人带来的麻烦时，恐怕反而会有以怨报德的事情出现。那位女孩埋怨台灯微弱的光亮透过门上的毛玻璃影响了她的睡眠，这让三毛既诧异又无奈。忍让是决计不会的，三毛在这个自私的女孩面前关上门，告诉她：你可以继续打字来“惊扰”我，正如我的灯光“惊扰”了你。

异乡数年，经历过病痛和贫穷的三毛变得更坚强，也更独立了。可是在感情上，她还是那么羞怯和纠结。听说“恩师”顾福生来到芝加哥，三毛无论如何也要去见上一面。在纷飞的大雪里，三毛抱着故人重逢的冲动和牵挂，乘坐火车奔赴芝加哥。只是，深夜抵达的三毛，住进旅馆后却开始犹豫起来。

三毛突然发觉，自己没有变得更好，那么在见面的时候，又该以怎样的面目寒暄呢？绘画没有坚持下去，写作也停了下来，一别十年，事业没有进展，“爱情也没有着落”。自己该说些什么，或是聆听什么？

这种复杂的感受，让她改变了主意。

虽然冒雪而来，虽然满腔思念，可是，如果重逢是相顾无言，又该如何面对呢？谈不上无语凝噎，也不必兰棹劳歌，如果彼此深深了解，那么这些形式反而显得矫揉造作。

算了吧，就当没有来过，我没有，你也没有。

三毛在窗前等来了天明，然后整了整衣襟，乘坐火车离开了雪花纷飞的芝加哥。

在爱情方面，除了堂哥介绍的照顾三毛的博士之外，还有很多倾慕她的男生。法学院的男生请她喝咖啡吃甜饼，又开车带她到湖边，打算来一场浪漫的露水情缘。三毛坚定而坦荡地拒绝了他，表示不会再接受邀请，然而却被这个男生要求分摊咖啡店的消费。

三毛感慨，这就是美国，“真是不同凡响”[①]。

其实三毛对美国并没有偏见，也许她遇到的一些美国人恰好的确“有趣”。朋友卡洛会把吃不完的洋葱圈分给三毛，付账时也要她分担账单。对三毛照顾有加的中年夫妇希望“收养”她，让她永远与他们在一起，不必结婚和回到自己的祖国，这样就能获得一大笔遗产。

三毛不需要钱吗？并不是。她在德国求学期间，生活费并不多，所以吃肉都成了奢侈的事情。到了美国，她有了工作，也会把赚来的钱寄回家，给小弟支付学费，虽然只有一个学期，但是足见她的责任感。她很清楚，有钱能做很多事情，可这并不代表钱能买到一切。

---

① 引自《西风不相识》，收录于三毛作品集《稻草人手记》，三毛著，哈尔滨：哈尔滨出版社，2003年版。

三毛冷着脸拒绝了这份“好意”，然后不由得反思起来。究竟是她太过柔顺以致让所过之处的外国人都要欺负一下，还是她所遇到的都是包藏祸心的坏人？物质上如此富裕的人，“人格上可是穷得没有立锥之地”。华夏文明的温良恭俭让，这一刻都显得那么可笑，自己的教养终究没有办法换回应有的尊重，真让人失望。

虽然通过了公务员考试，但三毛并未从美国的生活中找寻到快乐。带着文化大学的工作邀约，三毛又要踏上旅程了。

那位一直对她关爱有加的博士，送她搭乘前往纽约的飞机。她要去看看堂兄，然后再回台湾。那位博士直白地袒露心迹，向三毛求婚：你当然可以回家去的，等到放假的时候，我就去台湾找你——三毛没有回应他，只是伸手替他整理了衣领：“你很好，但你不是我要结婚的人。”①

她渴望简单地活着，感受心脏的跳动和灵魂的战栗，而不是在纠葛的关系中左右逢源。

活着，是依靠对未知的体验，感知真实的存在；活着，是脚底真切地感受到木地板的粗糙，是手指真切地触摸到砂粒的坚硬，是

① 引自《求婚》，收录于三毛作品集《闹学记》，三毛著，哈尔滨：哈尔滨出版社，2003年版。

咸涩的海水涌入唇齿之间，是凛冽的寒风吹皱了眉心。

有痛苦，有愉悦，有慨叹，才是真正活着。

要么，从空寂的梦境中解脱出来，要么，以行尸走肉般的麻木永恒地睡去。做人世的土木偶人，不是三毛的意愿。

Chapter 03

送你一匹独角马

三毛只是一个平凡的人，很简单也很普通的女孩子，只不过恰好在世俗面前裸露了灵魂。那样美好，也那样脆弱，像蜗牛失去了背上的壳。是不是活着就要承受这样的痛苦，难道台湾就是她感情的不祥之地？

带着遗憾和迷茫，三毛再度踏上旅途。

来不及说珍重

人，我们空空地来，空空地去，尘世间所拥有的一切，都不过转眼成空。我们所能带走的、留下的，除了爱之外，还有什么呢？而，爱的极可贵和崇高，也在这种比较之下，显出了它无与伦比的永恒。

——三毛《我的宝贝·缘起》

飞机在纽约落地，博士的电话又打了过来：我们结婚，好吗？

三毛只能回答：是的，你是很好的人，是值得信赖和托付的人，可是很抱歉，真的不能答应，因为你不是我的爱情，与你结婚，我的心会“死掉”的。

人是不是感到快乐，自己才最清楚，谁不是苦乐参半地在喧嚣中孑然独行？她感到幸福时，内心的悲凉和恐惧不是更甚？只是当人们问起时，三毛总要不服气地说，谁说我不快乐？高兴的时候，她反而说人生并不轻松，也会有难处——这可能是中国人骨子里的谦虚，也可能是深入骨髓的叛逆，人们都很清楚自己不是用一张面孔活着。

然而，婚姻和爱情不一样。

此时的三毛已陷入一种不可名状的忧伤，像一朵梨花悄然盛放在薄凉的春夜。拯救她的可以是一个爱人，一份爱情，或是一场梦，可以给她天长地久，但千万别叫醒她。对方要弄清楚她，要懂得她，必先领悟她是个不完美的人，甚至是个不完整的人，是个拼凑而成的人。

她经历过冷眼观察世界的孩提时光，也经历过叛逆惊心的少女时代，有着忧郁敏感的岁月，也有参透世事的成熟。

她不是玩偶，不是石像，而是斑斓的，是复杂而纯粹的。走近她，可以看见她生命的裂缝；远离她时，反能得到清晰完整的轮廓。要得到她，需要先尊重她的寂寞和独立，需要认可她的执着和顽固，需要给她自由选择的机会。

接近三十岁的她，仍旧是令父母操心的孩子。在美国时，因为那个博士的存在，三毛的父母觉得她的婚姻大事应该没有什么问题。

可三毛并不愿意草草决定终身，在她看来，婚姻的前提一定是爱情。她经历过这么多纷繁复杂的人事，与许多爱着、被爱着的人擦身而过，但依旧相信世上有着纯粹浪漫的感情，说不清是傻还是执拗。

回到台湾后的三毛，凭借优秀的外语能力和教师资格，在政工干部学校、文化大学、家专教书。

有一天，一位来自西班牙的朋友捎来荷西的信。他告诉三毛，那个男孩子担心你已经忘记了他，如果还记得，就收下这封信吧！

三毛当然没有忘记荷西，只是觉得他还小，既然已经认真地考虑感情事宜，就早一点拒绝，不要伤害他。朋友递过这封信，信中夹着一张照片，“这是希腊神话里的海神嘛！”三毛感慨着，那个留着大胡子、穿着泳裤在海里抓鱼的年轻人，与多年前那个英俊少年的影子重合起来。

荷西在信中说，十八岁的那个雪夜，被拒绝的少年曾经一度想要自杀。他那样喜欢的女孩子，坚决地拒绝了他。六年的约期，如果还记得，能不能等一等呢？三毛看过信，虽然感动，却清醒地知道，“谢谢”两个字，才是此时最好的回应。

阳明山上时常雾气弥漫，宛如仙境，学生也朦胧得可爱起来。教书工作其实并不忙碌，她仅仅是做助教，并不辛苦，收入也不高。作为文艺青年，她的闲暇时光没有太高的消费，除了读书便是与读书人交往。

明星咖啡馆是一定要去的。那里本就是当时文艺青年聚会的场所，这里除了沉默瘦削的、将出售的诗集摆得整整齐齐的周梦蝶，还有文学界知名的白先勇、陈若曦、林怀民等人，甚至蒋经国夫妇也经常光顾咖啡馆一楼的面包店。咖啡馆里随时都在进行刊物的编辑会议、编辑与撰稿人的会面，白先勇在他的散文集《明星咖啡馆》中，曾经将咖啡馆评价为“台湾六十年代的现代诗、现代小说”的萌芽地。

三毛怎么可能不在这里穿梭？陈若曦是当年鼓励她申请文化大学的朋友，白先勇又是对她有知遇之恩的前辈，在这里，她有那么多的同类，能够一起感受人间每一处、每一刻细微的震颤。除了日常的交友，三毛还接受朋友的请求，写下了多篇歌词，其中便有永恒的经典《橄榄树》。

然而，咖啡馆终究是公共场所，这里有璞玉真龙，自然也有鱼目虬蛇。偶遇时常发生，一见钟情的误会亦然。在某个普通的日子，三毛遇见了一个“艺术家”——他金尽裘敝，带着一眼就能看清这个世界的落拓气息。这位“画家”很快吸引了三毛的目光，当然，这个明艳的带着吉卜赛风情的女人也同样成为他锁定的猎物。

三毛温柔而善良，在他的画室，即便知道这些作品其实并没有多少艺术性，三毛仍旧鼓励他坚持梦想。男人身上的某些特质仿佛映射着困厄时期的毕加索，让三毛的同情心一再激荡。他们很快谈婚论嫁，三毛的艺术家妻子的梦，似乎就要实现。

但遗憾的是并没有人支持这件婚事。这绝不仅仅是物质条件的因素，家人和朋友都质疑这个男人的品性，而三毛却再次叛逆起来，她隐约感到了读书时逃学的孤独感，那种没有人理解的愤懑和悲伤让她义无反顾。

但现实终究是现实，和艺术家接触多了，三毛马上察觉到事情的真相：原来他竟是有妇之夫！

被欺骗、被伤害、再次被“爱情”狠狠打了一巴掌的三毛，立即缩回自己的小世界。

这样下去，三毛的精神又要崩溃了。于是，陈嗣庆带着她去打网球，鼓励她以运动的方式宣泄情绪，甚至支持女儿买了球拍、做了球衣，支付了教练费，为了鼓励女儿去球场，还买了一辆脚踏车。当时三毛的收入并不高，因为家人的支持，加之对那个“画家”的感情并没有太深，所以很快就在运动中找到了乐趣。

但是这次振作并没有让三毛的爱情之路变得顺遂。即便不那么痛苦，也仍旧留下了伤痛。还在调节心绪的三毛，在球场结识了一个德国人。这是一位年长她十几岁的教师，彬彬有礼，温文尔雅。

三毛感慨自己“在西班牙讲日文，在德国讲英文，在美国讲中文，在台湾讲德文”，不过还好，他们职业相同，文化互通，有很多聊得来的事情。

或许，成熟的婚姻源于稳定、匹配的爱情。没有更多心潮澎湃，不是遭受挫折之后的古井无波，三毛发现这个德国人谈不上多好，却也没有不嫁的理由。这个人，或许是可以托付终身的吧。

“愿意嫁给他”与“可以嫁给他”，是不同的。在三毛结识德国未婚夫之前的人生里，她经历过数段感情：愿意嫁给“匪兵”、毕加索，甚至落魄的“画家”，但理智地想来，他们并不是“可以嫁”的；可以嫁给日本同学、化学博士，但那些人又是她“不想嫁”的；荷西属于“不想嫁又不可嫁”的人；之前那个想要结婚又般配的舒凡（梁光明），偏偏不愿给她一场婚姻……

一年之后，这个“心甘情愿要嫁又可嫁”[①]的德国人，特意选择在浪漫的星空下，试探着问这个温和却个性鲜明的女人：“结婚好吗？”

那一刻，三毛理智平静地回答：“好。”

没有反反复复的争执磨合，没有你来我往的纠缠角力，不必轰

---

① 引自《求婚》，收录于三毛作品集《闹学记》，三毛著，哈尔滨：哈尔滨出版社，2003年版。

轰烈烈也不用海誓山盟，自然而然地，他们知道彼此是适合成为对方婚姻伴侣的人。他们之间有爱情吗？也许有吧。

爱情并不都是策马人间、死去活来，淡如真水、细细品味也有别样的幸福感。在往昔的爱情里，三毛与自我的争斗超过与恋人的纠葛，当灵魂契合，就不会有那么多折磨。可是“天长地久”这种事，终究只能发生在童话里吧。在水到渠成的故事终点，三毛的婚姻尚未开始便戛然而止。

那天早晨，订好婚约的他们去印刷店制作属于两个人的名片，挑了好久的字体，选了又选的材质，两个人的名字并排在一起，就是个家庭了。一面是中文，是她的母语；一面是德文，表明他的来处。说好半个月之后，要准时交付这婚姻关系的见证。

然而那盒名片，他们终究没有看到是什么样子。原本幸福的证明，却成了悲痛的遗言。在那个晚上，那个听到星空下应允一生的德国男人，死在爱人的怀里。

医生说：他有心脏病的嘛，难道以前你不晓得吗？

三毛的天空再次坍塌了。这次还有女娲能填补她的痛苦吗？

那位德国人是典型的西方学者，稳重，博学，毫不轻浮，能够理解她、尊重她。可遇而不可求的理想爱人，在那个晚上，永远离开了。

三毛不知道应该如何调节心情，只觉得命运是这样捉摸不定，无力感和绝望吞噬掉她的理智，在朋友家里，她选择结束自己的生命，以此作为最后的挣扎。

醒过来的一刻，三毛的命活了，心却彻底碎了。

家人说，“她一生中，总有些没办法得到的东西，一直存在着遗憾，所以她有时会有些退缩”[①]。她会选择逃避，因为没有勇气再面对人生和爱情。

三毛只是一个平凡的人，很简单也很普通的女孩子，只不过恰好在世俗面前裸露了灵魂。那样美好，也那样脆弱，像蜗牛失去了背上的壳。是不是活着就要承受这样的痛苦，难道台湾就是她感情的不祥之地?

带着遗憾和迷茫，三毛再度踏上旅途。

---

① 引自《三毛1943—1991》，师永刚、陈文芬、沙林编著，北京：作家出版社，2011年版。

三千世界探险家

快乐，只是国王的新衣，只有聪明的人才看得见。童话里，不是每个人都看见了那件新衣，只除了一个说真话的小孩子。

——三毛《简单》

在台湾时，三毛也并不全然是悲伤的。

这两年来，三毛也曾有过许多欢乐的时光。虽然与朋友依依不舍，对家人满怀歉疚，但三毛还是要回到“花花世界”去的，她认为自己是个“浪子”，注定漂泊。

三毛不知道要追寻什么，但是一定要在路上。“随着年岁的增长，越觉得生命的短促，就因为它是那么的短暂，我们要做的事，实在是太多了。”[①]随着健康逐渐恢复，三毛鼓起勇气，“面对自己绝对的孤独”，决定回到第二故乡西班牙。

然而，这一路并不十分顺遂。在机场告别时，三毛仍旧忍着泪。对于离别，虽然难过，但身边的人都渐渐习惯。首站香港，因为要转机，也因为这里有很多亲人，“外公、外婆、姨父、姨母，加上妹妹们又是一大群，家族大团聚，每日大吃海鲜”，还没被渲染出的伤感气氛，在盛情款待下更加稀薄。

原本预定从香港起飞，到伦敦后换乘到马德里，然而，到了英国落地与换乘却是两个机场，一小时左右的车程，让带着行李的旅人非常疲惫。三毛打好算盘，想要申请 72 小时过境，在伦敦逛上几天再到马德里。

三毛一向与人为善，在飞机上来来去去换了三次座位，最后一次还遇到换机去德国投奔女儿的老人。老人非常紧张，语言又不通，三毛主动安慰她：“你不要怕，我也是宁波人，我也要去换机，你跟住我好了。”[②]

① 引自《赴欧旅途见闻录》，收录于三毛作品集《雨季不再来》，三毛著，哈尔滨：哈尔滨出版社，2003年版。

② 引自《赴欧旅途见闻录》，收录于三毛作品集《雨季不再来》，三毛著，哈尔滨：哈尔滨出版社，2003年版。

21 个小时的飞行后，三毛终于抵达了伦敦。在机场填写表格、办理出入境手续时，三毛竟然进了班房。

看到手续办理艰难，她就已经放弃了原本的短期旅行计划，却还是被怀疑有偷渡倾向，被骗上了警车，直接送入了拘留所。

进了班房后，三毛实在气不过，忍不住大吵大嚷，吵着要用电话、找律师，被拒绝后又提出要求——给她扫把，她要打扫一下脏兮兮的拘留室。警察被吵得头疼，要煮咖啡来喝，三毛灵机一动，把各个房间里的被困者都叫了出来："出来，出来，老板请喝咖啡啊！"警察无奈至极，只能看着她折腾。

三毛被要求回到房间并且换上囚衣，但她不肯乖乖听话。经过一番请求，三毛终于拨通了一位熟悉的律师的电话，然而非常不巧，这位律师去了香港。三毛失望透顶，身心俱疲，头痛欲裂。反正睡不着了，不如出去看看电视——这些狭隘的英国佬，竟然不相信中国人有电视可以看，三毛对这个国家的印象实在不太好。

吃了一点东西后，三毛在各个班房走了走，画的画又被当作研究对象，让她感到无聊又憋闷。直到移民官下了所谓的"判决"，三毛终于开始爆发，有理有据地反击，最终说服对方无罪释放了她。

登机之前，三毛骄傲又得意，一改拘留所里疯女人的形象，教警察懂得"扮猪吃老虎"的厉害。

被释放的三毛觉得自己经历一番周折，终于赢了世界一次，不禁产生了新的自信："世界是如此的安详美丽，美得令人叹息。生命太短促了，要怎么活才算够，我热爱这个世界，希望永远不要死去。"①

到了马德里后，三毛感觉比回到台湾的家里更自在。

这一次，她不必再忍受学生宿舍的集体生活，而是与兴趣相投的几个女孩合住在一起。三毛先是找到了一份小学教师的工作，薪水虽然不高，但是工作以外的时间颇为充裕，这让她有了更多的时间可以与朋友相处、看电影、去酒吧坐坐、听听歌剧，尽情享受生活。

但钱还是很有用的。三毛思来想去，不如也做做生意，当个只需要动动嘴皮子便有好处的掮客。只可惜终究不是生意人，三毛联系了台湾的朋友，原想要帮西班牙朋友的忙，顺便也捞点油水，将一批成衣从中国台湾出口到日本，后来发觉自己实在是没有这方面的脑筋，白白耗费精神罢了。

回到马德里，一定会与旧友重逢。荷西的妹妹伊丝帖很清楚自己的哥哥有多么喜欢三毛，她央求三毛给正在服最后一个月兵役的

① 引自《赴欧旅途见闻录》，收录于三毛作品集《雨季不再来》，三毛著，哈尔滨：哈尔滨出版社，2003年版。

荷西写信，三毛推托着不肯，甚至说自己已经不会西班牙文了。可是伊丝帖那样执着，三毛无奈之下只好写了一封英文信寄到了营区。原本说过不等的，再写信岂不是给了他希望吗？

荷西并不懂英文，不只是他，整个营区都没有人看得懂信上的内容。荷西焦急万分，只好剪了一些潜水者的漫画，告诉三毛“这就是我”。没有收到回信，荷西便打来长途电话，告诉她一定要等着他回来。

粗心的三毛并没有把这件事放在心上，直到一位朋友将三毛骗到家里，让她闭上眼睛，突如其来的拥抱，让她不禁颤抖起来——穿着枣红色套头毛衣的荷西拥抱着长裙曳地的三毛飞了起来，大家高兴地笑着，为他们感到欣慰。

命运竟是这样有趣，原本说过要“永别”的两个人，竟然兜兜转转，在这个城市重逢。

在圣诞节的假期里，三毛背起行囊，搭上火车，前往马德里北边的塞哥维亚城，看望多年前便相识的好朋友——艺术家夏米叶·葛罗，荷西的哥哥。

夏米叶与几个朋友一起合租，开设了一间艺廊。在那个积雪的冬夜里，夏米叶热情地迎接了她。来到这个富有艺术气息的“大家庭”中，三毛感到温暖而惬意。人们来自世界各地，聚集在了一起，他们谈话但并不过多探问，热情有礼却又不失分寸。虽然来自不同的国度，但他们竟然都用筷子吃饭，使用起来自然而熟练。

分配给三毛的卧室没有窗帘，月光直射进来，松枝打在玻璃上，让这夜的味道更加静谧幽冷。当三毛醒来时，她发现每个人都在创作和工作，人们都在尽情地享受艺术。

这真是她喜欢的世界！然而，很多事情都不能像人们想象的那样，因为喜欢便可得到。尽管有着很大的文化差异，所有人都融洽得像是熟识多年的老友。

在这里，三毛又一次与荷西见面，他们像朋友一样相处，仿佛从没有伤感的分别。

这座小城安静美丽，民风淳朴，有一座历史悠久的古堡——阿尔卡萨尔，这是故事里睡美人所在的城堡的原型。无论从哪个角度看上去，塞哥维亚城的风景和生活都像极了童话里的样子。艺廊在一条斜街上，这条街是游客去参观古堡时的必经之路，来往的人很多。店里到处都陈列着艺术家们的作品，仿佛是博物馆，而不是商店。

聚集在这里的人各自都有很多故事。一位朋友对她说：“每个人都一定要有光，在心里。我的光是我的艺术和我的生活方式，我太太却偏要我放弃这些，结果我们分开了，这不是爱不爱她的问题，也许你会懂得。”[1]三毛当然懂，这是价值观的问题。可三毛不会这样选择，她没有办法改变现有的生活秩序，没有办法做纯粹的、自由的自己。

在这个没有地域界限、年纪分别的家里，三毛第一次感受到了内心的安定，甚至“没有了浪子的心情”。来来去去，这里走了一些人，又住进来好多人。可是美梦终究要结束，三毛还是要回到马德里，荷西也要回去。

在离别的路上，他们像孩子一样打起雪仗，大笑大叫着，衣裳也湿透了。三毛心里确信自己不会再回到这个古堡一样的童话小镇，却承诺着“明年夏天一定会再来”[2]。

尘世永远无法与天真的童话世界相融。三毛一定要做回那个不忠于自己的人，虽然无奈，可这就是为人的责任。艺术当然可以让人忘记世俗，可是谁不是泥巴捏出来的凡人呢？社会角色也好，人生理想也罢，即便洒脱如贾宝玉，也不得不承担自己该承担的责任。

三毛喜欢写故事，更是故事的缔造者。有一些人总在想，她的

---

① 引自《去年的冬天》，收录于三毛作品集《雨季不再来》，三毛著，哈尔滨：哈尔滨出版社，2003年版。

② 引自《去年的冬天》，收录于三毛作品集《雨季不再来》，三毛著，哈尔滨：哈尔滨出版社，2003年版。

一些故事是不是真的？她的描述是不是切实的？而我们所见、所闻、所感，不也都是由“我”出发吗？这世界于“她”五彩斑斓，于“我”说不定是黑白沉寂。人们用眼睛去看三毛，用耳朵去听三毛，用心去感受三毛，感受她的感受，体悟自己存在的意义。

人们总是自私而矛盾，一边渴望她讲些猎奇的故事，满足自己的好奇心，但一边又凭借自己的眼界和经验，对这些奇闻异事嗤之以鼻。

三毛的流浪到底是什么？她自己说，不是为了天空飞翔的小鸟，抑或辽阔的草原，而是迫不得已地一次又一次离开熟悉的社会关系，去开辟新的天地，亲近原始的生活，在寂静的独行中体味人世沧桑的安宁。

以你心换我心

他的西班牙名字是Jose，我给他取了一个中文名字叫荷西，取荷西这个名字实在是为了容易写，可是如果各位认识他的话，应该会同意他该改叫和曦，和祥的“和”，晨曦的“曦”，因为他就是这样的一个人。

——三毛《一个男孩子的爱情》

三毛的爱情故事，从一开始就向着平凡却不普通的方向发展。

她爱他，但不同于任何平凡的爱情；他爱她，但又不是以普通爱情的模样。

世界上的爱情有很多种样子。有些人爱得不徐不疾，在刚刚好的时候遇到，被小心翼翼地呵护，享受着安稳的幸福；有些人动辄轰轰烈烈、浓墨重彩，最后却落得个鱼死网破的下场；有些人生来就只是半个人，苦苦在茫茫人海中寻觅着灵魂的另一半；有些人不相信世上有爱情，即便有也未必能得到，带着失望之情在情海漂荡……每一种爱情，无论是苦是甜，相恋的人们都如鱼饮水、冷暖自知。

三毛与荷西的这份爱情，因为神秘、特别、浓烈却又戛然而止，几十年来被人们咀嚼出当事人都未必品得到的滋味。更有很多女孩子，将荷西对三毛的呵护奉为圭臬，渴望得到一个大胡子粗糙而细腻的爱。

传奇女子三毛的人生，在撒哈拉绽放出灿烂的爱情之花，却湮没在茫茫俗世。读了那么多书，遇到能够托付终身的人时，遭遇数次情殇的三毛没能修炼成林黛玉，也没有干练成王熙凤，更做不得规矩得体的薛宝钗。这一对年龄相差八岁的有情人，一个不是阆苑仙葩，反而是邋里邋遢、笨手笨脚的傻大个，另一个也不是美玉无瑕，反而是个在跌跌撞撞的年华里摔碎了水晶心的“浪子”。

回顾他们的爱情，既短暂，又漫长。

初遇的时候，1951 年生于西班牙的他站在人群中，露出一口白牙，看着 1943 年出生于重庆的她蓬乱着头发，在欢腾的人群中独自优雅。

那时，她刚上大学三年级，很瘦弱，在高中三年级的少年伴随下，他们一起欢度圣诞，在公寓后面的院子里打棒球、打雪仗，口袋空空地逛旧货市场，为一支羽毛走走停停六个小时……

介于少年和青年之际的荷西，那个口袋里只有十四块西币的“逃课大王”，在树下等着他的女神的时候，“手臂里抱了几本书，手中捏着一顶他常戴的法国帽，紧张得好像要捏出水来。”①

他不敢大声喊她的名字，带着不可名状的忐忑和期待。

他们在街上散步，像最普通也最亲密不过的朋友，在皇宫、公园闲逛，在垃圾场里寻找各种被丢弃的宝贝，欣喜万分地赞叹一根铁钉的神奇，在地下出风口像乞丐一样互相依偎着取暖……他看着她，听她说话，表面上认真严肃，心里却暗暗地欢喜激动。

三毛已经是成年人了，这短暂单纯的快乐在发酵，终于让她发觉心逐渐偏移了轨道，要及时把彼此扭转回原有的人生。

她说“从今天起不要来找我”之后，他如临大敌，小心措辞：“我一生的想望就是有一个很小的公寓，里面有一个像你这样的太太，然后我去赚钱养活你，这是我一生最幸福的梦想。”②

---

① 引自《一个男孩子的爱情》，收录于三毛作品集《梦里花落知多少》，三毛著，哈尔滨：哈尔滨出版社，2003年版。
② 引自《一个男孩子的爱情》，收录于三毛作品集《梦里花落知多少》，三毛著，哈尔滨：哈尔滨出版社，2003年版。

他让她等一等，不需要太久，“四年念大学，二年服兵役”，然后组建一个温暖的小家庭……他可以为心中所爱放弃很多，也可以不在乎一切飞短流长。虽然这些在三毛眼中冲动而天真的承诺，与她自己的“恣意妄为”异曲同工，但她的理智依旧占据了上风。

当她强忍不舍说出“永远不可以再来”的时候，满腔热忱的荷西又是怎样的哀戚和绝望？

短短几分钟之内，荷西就从天堂坠落到了地狱。告别时，荷西还是带着三毛喜欢的微笑，奔跑着边回头边大喊：“Echo，再见！”

他挥舞着那顶旧法国帽，“渐渐地消失在黑茫茫的夜色与皑皑的雪花里”。

三毛说，每次回忆此时，都会联想到在茫茫雪地中踽踽独行的贾宝玉，他是那么可怜又脆弱，需要被抱在怀里安慰。她可能也清楚地知道，一次次与他在街头重逢，介绍身边的男伴给他，他礼节周到地握着她的手、亲吻她的脸颊时，有多么隐忍和难过。

被伤害过的人，怎能忍心伤害别人？只是真的不合适，虽然除了世俗的理由，三毛也说不出哪里不可以。

可是荷西是那样执着，像少女三毛对命运的执拗一般，青春期许下的那个心愿，从来未被岁月磨砺得失去坚定。

在三毛回到台湾后，他终于等来了那个许诺的“六年之后”。

他托人带信给三毛，信中还附上了最近的照片，这个蓄了一脸大胡子、被三毛称为“希腊神话里的海神”的年轻人，勇敢地告诉三毛，在那个挥舞着帽子笑着离开的雪夜，他曾经“伏枕流了一夜的泪”，甚至想要结束生命。

三毛仿佛听到他的声音在耳畔响起：“你还记得我吗？我和你约的期限是六年。”①

三毛没有办法承诺，只是告诉带信的朋友，转告荷西自己已经收到这封信，请他代为表达感谢。

谢什么呢？感激那个曾经单纯地喜欢她灵魂的少年一如既往的痴恋？感激时间并没有夺走别人给予自己的温暖，多年后那树下的身影、相互依偎的陪伴、雪夜的回眸，都还停留在原地，还是感恩生命中有这样一个人，始终全心全意爱着自己？

然而，命运一直让三毛的灵魂颠沛流离。

自从德国未婚夫猝然去世后，爱情就已在三毛的心里腐坏。她整个人仿佛经历了沧海桑田，已经无法重新拾起新的感情。

这次重逢，让她泪光流转。她被蒙上了眼睛，心情紧张不安，紧接着被一双手臂从背后紧紧拥抱起来，她感受到一股强烈的热情，

---

① 引自《一个男孩子的爱情》，收录于三毛作品集《梦里花落知多少》，三毛著，哈尔滨：哈尔滨出版社，2003年版。

仿佛要把她吞没。

被放下后，她转过身，睁开眼睛，看到那位有着海神一般宽厚肩膀的追求者。

六年后，他来了。

她永远不会忘记那幅画面：那个穿着曳地长裙的老少女，被枣红色的套头毛衣罩着的年轻大胡子揽着转起了圈子，划出快乐的弧线，在尖叫和亲吻中，所有人都带着祝福开怀大笑。

他带着她看这些年来的思念：黄昏的房间里贴满了三毛的黑白照片。从邻居和朋友家偷偷拿来放大的照片，在被父母称为“神经病”的少年的执念中，在阳光穿过百叶窗的温暖里，悄悄泛黄。

“那个人已经不见了，还贴着她的照片发痴。”[①] 多傻的你，多蠢的我，年轻的时候不敢接受，不能相信的，却没想到是命运给自己的爱情预备好的“锦囊”。三毛说：“在我说要与荷西永别后的第六年，命运又将我带回到了他的身旁。”[②]

人生何处不相逢？每一次相遇又何尝不是重逢！一个被爱情耍

---

① 引自《一个男孩子的爱情》，收录于三毛作品集《梦里花落知多少》，三毛著，哈尔滨：哈尔滨出版社，2003年版。

② 引自《一个男孩子的爱情》，收录于三毛作品集《梦里花落知多少》，三毛著，哈尔滨：哈尔滨出版社，2003年版。

得团团转的脆弱女子，忍不住抱怨自己、抱怨他、抱怨命运：“你那时为什么不要我？如果那时候你坚持要我的话，我还是一个好好的人，今天回来，心已经碎了。”①

可是大胡子还是那个单纯的少年，他说：“碎的心，可以用胶水把它粘起来。”

三毛不依不饶：“粘过后，还是有缝的。”

荷西仍旧倔强：“这边还有一颗，是黄金做的，把你那颗拿过来，我们交换一下吧！”

这个情景，正如五代词人顾敻在《诉衷情》中所说：“断肠无处寻，负春心。永夜抛人何处去，绝来音……换我心，为你心，始知相忆深。”

在任何感情面前，三毛都是怯懦的，她不相信任何人对自己的爱，更害怕一次次鼓足勇气接受爱之后到头来依旧会心伤。荷西用生命来证明自己能够给她成熟的爱情：那年轻人热情的倔强，男人给女人的强大庇护，理解她的疯狂甚至体贴地做她实现狂想的帮手。他属于海洋，却随她去了撒哈拉。

---

① 引自《一个男孩子的爱情》，收录于三毛作品集《梦里花落知多少》，三毛著，哈尔滨：哈尔滨出版社，2003年版。

但是，荷西和三毛的婚姻是公平的，是心灵的“门当户对”，他们的爱情从不要求谁为谁改变，而是彼此保持独立性，荷西是那么懂三毛，知道她的自由不允许被任何情感束缚，他说谁也不是谁的一半，深得她心。

在给父母的信中，三毛带着喜悦和安慰说道：“我跟他要结婚的决定是在他，不在我。他一直对我说，从小他的梦想就是娶 Eile（三毛的西班牙名字）作太太，这种想法过去 Claudio 和他的哥哥 Mnurijio 都有过，但是他们变了。只有荷西坚持不变，希望有一天他的梦想能成真。”①

连三毛自己都在祝福这个“执迷不悟”的男孩子，三毛的父母应当很放心，因为女儿“跟着荷西是一天当两天活”，因为女儿深切地感受到“此人很当心我，爱护我”。

在这段感情中，他们都拥有完整的自己，也有属于爱人的自己。连三毛自己也说：“其实婚前和婚后的我们，在生活上并没有什么巨大的改变。荷西常常说，这个家，不像家，倒像一座男女混住的小型宿舍。”

---

① 引自三毛与父母的信札，收录于三毛作品集《我的灵魂骑在纸背上》，三毛著，哈尔滨：哈尔滨出版社，2003年版。

在一片屋檐下，她满足了他对神秘脆弱的东方女性的向往，他满足她自由飞翔、自在流浪的梦想。

三毛与荷西，是一滴水遇见了镜子，透过他看见自己的澄澈。

三毛与荷西，是滚滚世俗中的两粒微尘，是深藏在爱情中的须弥山。

他们错过了六年，相守了六年，最终，彼此却猝不及防地告别了一生。

青春作伴无他乡

好像每一次的求婚，在长大了以后，跟眼泪总是分不开关系。那是在某一时刻中，总有一种微妙的东西触动了心灵深处。无论是人向我求，我向人求，总是如此。

——三毛《求婚》

起初，三毛并不打算马上就结婚的。她仍旧是浪子，要走遍天下才能安定下来。在马德里的公园里，三毛整个人都缩在大衣里，只将手伸出来，丢一些面包屑在地上，喂那些飞来飞去的小麻雀。荷西坐在旁边，看着一本航海方面的书。

“明年有什么计划吗？”荷西看似不经意地问起。三毛想去撒哈拉沙漠，那是她一直向往的地方。

荷西并没有惊诧，他了解三毛，而且理解三毛。他原本打算到夏天的时候去航海，因为好不容易读完了书，服完了兵役，人生即将开始新的旅程。虽然自己没有船，但是可以借到朋友父亲的。带着心爱的女孩子去希腊爱琴海潜水，一行六人，八月出发，他悄悄计划了很久。

三毛大喜过望，因为对荷西来说，人生才刚刚开始进行到精彩之处，他的未来能够把她也放进去，并且他是那样了解她，并没有嘲笑她那个听上去愚蠢的沙漠梦想。

荷西在船上为她安排了工作，船上有人们都喜欢的中国菜厨师和专职的摄影师，而且荷西的钱都给三毛来管，就像已经是真正的夫妻。三毛很高兴，因为从来没有在船上工作过，她想在海上随波起伏，但又不舍得一直向往的沙漠风情。

荷西问，你什么时候才能回来？三毛却没有答应加入他的航程，她固执地坚持自己的规划：我要在沙漠住个半年一年吧，总要四处走走，这才符合灵魂里浪子的标签。

荷西感到很委屈：自从我认识你，你便都是东奔西跑的。好不容易我们又能够牵着手坐在一起，可是你要单独离开，什么时候才可以跟你在一起？荷西的抱怨声音很大，惊飞了周围的麻雀。他忍不住再三确认：真的要去沙漠吗？你坚持吗？三毛郑重地点了点头。荷西不再说话，没有与三毛争执，也没有更多的劝说。但是倔强如荷西，有了新的打算。

很快，荷西不声不响地申请到一份撒哈拉沙漠的工作。在三毛启程之前，他却先去了非洲。

三毛为荷西这样的举动感到惊喜和感动，却又为他感到委屈。她的内心充满甜蜜，也夹杂着酸涩。

她说，你实在不必为了我受苦，况且如果我在各处旅行，也无法时常与你见面。

可荷西说自己已经想得很清楚，如果想留住爱人，要娶她为妻，必须如此，不然自己的灵魂会永远痛苦，他不愿再经受一次长久的分离。

“我们夏天结婚好不好？”[①]这句写在信上的话，仿佛荷西那双深情的眼睛期待地看着她。

这封信没有浪漫的海誓山盟，可三毛看了十遍。那天，她在街上走了一个晚上，或许在心里一遍一遍地回味这句话：“我们夏天

---

① 引自《结婚记》，收录于三毛作品集《撒哈拉的故事》，三毛著，哈尔滨：哈尔滨出版社，2003年版。

结婚好不好？”回来就有了决定。

是的，这个男人值得她携手一生。

是求婚啊！有些人给过她浪漫的星空，有些人给过她温柔的承诺，有些人给过她贵重的礼物，有些人给过她永远的伤害——可是这个朴实的男孩子，比她小八岁的男孩子，给了她自由。她为自己感到喜悦，也心疼他的成全。这样的人，如果还不是她要的，那人间的情爱还有什么值得期待？

两个月以后，三毛也来到了撒哈拉。

在给父母的信中，她这样写道：“我和荷西不是太钻牛角尖的人，我们只是想生活在一起，那么结个婚方便一点。我天涯海角都可去，倒不是为荷西，而是生性喜欢在异乡，况且我做荷西的妻子，也是诚意的。我并不喜欢有太重的社会负担，就是说，我现在最看重的是心灵的自由，只要做事不太离谱，就不去多想。过去为了个性上的放不开，吃了很多苦头，现在知道自己的缺点，要设法去改掉。”

她已决定做他的妻子，为的不仅仅是自己和爱情。

荷西住在公司的宿舍里，而三毛则入住荷西在小镇阿雍提前租好的房子里。两地相隔甚远，可是荷西还是天天来看她。至少你即将是我的妻子，荷西如此想着，因而总是容光焕发，他总是低声说：

好的，现在可以结婚了。终于可以拥有你了，盼望多年的事情终于可以实现，奔波与等待也满是甜美的味道，脚下是滚烫的黄沙，也是无穷无尽的真心。

可是还不行呢，三毛说。她来到沙漠，总要各处走走。婚姻生活须定居一处，而她还没有真正认识沙漠。结婚的事情，因为涉及入籍，所以询问了法院，复杂的手续让三毛感到非常头痛。甚至一度萌生了因为太麻烦而放弃的想法——相爱的人能够在一起就好，一纸证书真的比相守更重要吗？荷西异常紧张，他阻止三毛说下去，担心这个捉摸不定的女人随时跑掉。

在三毛背着相机四处游览的时候，荷西不停地催促办事人员，希望手续尽快办完，两个人可以早点结婚。荷西不但工作赚钱，同时自己动手做起家具来，还把自己的东西都慢慢搬到了三毛的住处。三个月很快过去，三毛终于回来了。在一个普通的去镇上取信的日子，她被告知可以与荷西办理结婚手续、举行仪式了，三毛请路过的同事代她向荷西转达这个消息。荷西听说后，丢下工作，兴奋得立刻赶回家来。

两个人打了电报回家。一个习惯漂泊，简洁得不能再简洁；一个夙愿达成，漫长得像是在写信。终于，盼望的时刻终于到来，却还是感觉太突然，喜悦和茫然竟然一齐涌上心头。

荷西竟然有点呆呆愣愣的，他问三毛，明天你穿什么呢？他懊恼着，忘记了请假结婚的当天还要去上班；他感到无措，不知道应该做些什么；他想要庆祝，却又不知道用怎样的方式……明天你就不是我女朋友了，我们一起去看一场电影吧！

第二天，当荷西来敲门时，除了一大桶淡水，还带来了一个大盒子。他把这作为结婚的礼物送给三毛。三毛兴奋地叫起来，以为是浪漫的花束，却没有想到是一副完整的骆驼头骨。惨白的骨头龇牙咧嘴，眼睛是两个大黑洞，看上去惊悚而诡异。

真不愧是“我的知音”，三毛这样感慨。没想到这样堪称奇葩的礼物，竟送到了三毛的心坎里。荷西在酷热的沙漠里走了很久才找到如此完整的头骨，他知道三毛一定会很喜欢的。他真的太了解她了，这就是三毛最喜欢的有故事的礼物。匆匆忙忙，两个人换好衣服，他修剪了胡子，她穿上了长裙，仍旧是朴实优雅的装扮，脚踩象征着自由的凉鞋，没有花，就别了一把香菜在帽子上。

两个人手牵手，在漫漫的黄沙中，浩瀚的苍穹下，寂静的空气里，一步步走向举行结婚仪式的法院。“你也许是第一个走路结婚的新娘。”[①] 荷西这样说着。她也许真的是第一个在沙漠里结婚的东方

---

① 引自《结婚记》，收录于三毛作品集《撒哈拉的故事》，三毛著，哈尔滨：哈尔滨出版社，2003年版。

女孩儿；她也一定是这里最幸福的女人，荷西，你给了她美满。

到了法院才发现，他们两个仿佛是来看热闹的——法院里的每个人，无论是工作人员还是朋友，都穿着正式，等待着他们的到来。三毛并没有想到，原来所有熟悉的人都是这样期待着他们的婚礼。

热到不停流汗却不得不坚持着一动不动的庄重仪式，因为有些紧张的法官、更加紧张的荷西、顽童一样的三毛，显得特别有趣。两个人都不熟悉结婚的流程，甚至忘了为彼此套上戒指。但是这份喜悦确实发自内心地充盈着整个胸膛。从这一刻开始，这个漂泊的女孩子与这个执着的男孩子，就是夫妻了呢！

因为沙漠里没有一家像样的饭店，他们的收入也并不丰厚，所以，待人群散去，两个人又经过了沙地，走回了家。紧锁的房门外放着一个大蛋糕，是荷西的同事们合送的，祝福他们新婚快乐。

各类物资匮乏的沙漠里能够有新鲜奶油蛋糕吃，简直是一件无比幸福的事情。更为可贵的是，蛋糕上居然有一对穿着礼服的新人娃娃，那个身着白纱的小新娘还会眨眼。三毛兴奋地把两个娃娃都拿了起来，大声地宣誓主权：“娃娃是我的。”

荷西怎么会与她争呢？他切了一块蛋糕给三毛，又替她补戴上戒指。到了这个时候，这场婚礼才算是真的完成了。

从这一天开始，在法律意义上，他完全属于她，她也是如此。

撒哈拉的月亮

世上只有过这么一个亲人，曾经这样捧住我的脸，看进我的眼睛，叹息似的一遍又一遍这样轻唤过我，那是我们的秘密，我们的私语，那是我在世上唯一的名字——撒哈拉之心。

——三毛《不飞的天使》

“撒哈拉沙漠，在我内心的深处，多年来是我梦里的情人啊！”三毛如是说。

站在无私又无情的沙海，荷西说：“你的沙漠，现在你在它怀抱里了。”

本来，父母对三毛要去沙漠这件事是不支持的，更何况她还要在那里嫁人。但是父亲陈嗣庆一如既往地尊重女儿的决定，还寄来了一笔不菲的生活费。荷西很难接受这种形式的帮助，想用自己的工资供养二人的生活，要求三毛把钱存进银行。在这方面，他作为男人与丈夫的自尊不容忽视。

荷西把这段时间挣来的钱都交给三毛，让三毛来布置他们的小家。两人的房子是从警官罕地那里租来的，没有门牌。对于收入微薄的荷西来说，每月租金一万块西币颇为昂贵。在门口，荷西对三毛说："这是我们的第一个家，我抱着你进去。"[①]

他的每一个字都饱含着深情和珍惜，荷西是她的海神，三毛是他的月亮。当她把晒成铜色的手臂绕过他的脖颈，当她的脸颊贴上他健壮的胸膛，当她的长发与他的胡子混在一处，当他们以一体的形式迈过门槛，走进简陋的小屋，新的人生已经悄然开启。

可这间房子实在不完美。很小，有一道长圆形的拱门，门外是短短的走廊，走廊顶上是四方形的大洞，可以看到天空——这是当地民居的鲜明特点，毕竟沙漠很少下雨，所以不必担心会漏下雨水来。走廊的尽头便是卧室，大一点的面向着街道，小一点的则只能

① 引自《白手起家》，收录于三毛作品集《撒哈拉的故事》，三毛著，哈尔滨：哈尔滨出版社，2003年版。

放下一张大床。厨房和洗手间都不大，厨房里只有一个又脏又破的水槽和一个水泥砌的平台，洗手间里有抽水马桶和洗脸池，甚至还有一个大大的浴缸，但是没有水箱。浴室水龙头流出来的不是水，而是成分不明的绿色液体。

深灰色的空心砖墙缝里露出干水泥，水泥地面高低不平，光秃秃的屋顶吊着一个很小的灯泡，电线上满是苍蝇。墙的左上角有个缺口，时不时地吹进风来。公用的天台上养着荷西刚买来的母羊，从此他们便有羊奶喝了。

虽然这个住所很简陋，但三毛安慰荷西道："很好，我喜欢。"

沙漠的昼夜温差很大，三毛蜷缩在睡袋里，荷西包着毯子，两个人就在地上铺下一块帆布，度过了新家的第一夜。寒夜里，沙漠的风无孔不入，似乎从四面八方侵袭着异乡人。

第二天，两个人到政府申请送水，在路上买了昂贵的床垫和家居用品。有什么办法呢？即使成本再高，也仍然要生活。拿着荷西两个月的工资，三毛买了一台小冰箱、一只冻鸡、一个煤气炉和一条毯子。荷西不总是在家，为了多赚点钱，他拼命地工作，经常加班，有时候只有下了班才回来看一看三毛，晚上乘坐交通车回到公司。

同日用品一样，水的价格也贵得惊人，这里毕竟是沙漠。接近50摄氏度的高温下，三毛提着巨大的水桶，走几步就要停下来喘口气，仿佛永远走不到那扇家门。煤气用完之后，三毛没有力气拖着煤气瓶到镇上去换气，为了准备用餐，只好借来邻居的铁皮炉子蹲在门外生火。滚滚浓烟呛得她眼泪流个不停，这就是主妇艰难的生活，真是新奇的体验。

有着拾荒本领的三毛捡回木头，荷西便在烛光下画出各种家具的式样，第二天一大早便按照三毛选中的样式劳作起来。

三毛说，“沙漠的太阳像熔化的铁浆一样洒下来”[①]，简直要把人晒昏过去，然而荷西并不抱怨炎热的天气，不在乎手上磨出的水疱，一直不停地做工。

在荷西的努力下，这个家有了像样的书架、桌子、衣柜，厨房里还有一个小茶几。书架上高高地放着骆驼的头骨，荷西又用铁皮和玻璃做了一盏风灯，放在头骨的旁边。书籍、书法集、画报、羊皮水袋、小烟壶、版画、坟场老人雕刻的石像，琳琅满目，原本的陋室竟成了一座混搭艺术的宫殿。

三毛也是家居生活的艺术家。她与荷西爬进总督家的矮墙，假装偷情逃避卫兵的盘查，得到了生机勃勃的爬藤和鲜花。他们从垃

---

① 引自《白手起家》，收录于三毛作品集《撒哈拉的故事》，三毛著，哈尔滨：哈尔滨出版社，2003年版。

圾场拖回旧轮胎稍加修整，填上布垫，做成鸟巢式的座椅。几块空心砖配上厚厚的海绵垫和木板，沙漠麻布的彩色条纹窗帘，同色的麻布做成套子，就是舒适的沙发。绿色的水瓶子插上怒放的野地荆棘，放在桌上柜子上，散发出浓烈的诗意。

有一天，他们把这个小家全部漆成了白色。这个小房子在阿拉伯居民区，显眼而特别。无论是朋友还是同事，都喜欢在这里消磨时光。这简直不是沙漠，而是一座乐园。三毛受到赞赏，非常快乐。她太需要被人们认可了，无论生活方式还是理想。

在沙漠里，荷西是三毛唯一的依赖。在婚前，她努力不让自己依靠任何人，然而在沙漠里，她的孤独掺杂着环境带来的寂寞，因此荷西的存在变得尤为重要。在这个时候，她多么希望曾经被她推开了一次又一次的西班牙大男孩能够一直陪伴在自己身边。

可是荷西要去工作，这是没有办法的事情。三毛眼中的荷西真的渐渐拥有了神奇的模样。

两个人努力攒钱，辛勤工作：买收音机，买电视机，买汽车……沙漠生活虽然艰苦，他们却过得有滋有味。两个人的爱情就在这样的生活磨砺下，越发坚定。

三毛时常望着荷西出发去工作的背影，流下泪来，感觉对丈夫的拥有是那样短暂。而她心里却又明白，他是为了两个人能有更好的生活而勤奋地打拼。为了荷西假期回来的短暂相聚，三毛要做荷西理想中那个小妻子，努力扮演贤内助的角色。

荷西是非常优秀的丈夫，更是个体贴的好女婿。中文很难，他也从来都不是一个合格的学生，但是他们商量好，如果有一天有了孩子，一定要让孩子学习中文。三毛是这样的笃定，荷西也非常赞成。他从小未能得到父母更多的关爱，反而时常被家人忽视，可是他默默地规划着两个人的未来，他知道将来两个人会离开沙漠，有自己的孩子，他希望他们的孩子早点半工半读，也希望能够接来三毛的父母养老。

他们没有忘记来到沙漠的初衷，一有空就会去探索无尽的沙海。

他们曾经迷失在茫茫沙沼，荷西差点把命丢在流沙里，三毛险些被当作猎物失去贞洁和尊严，惊慌的周旋和冷静的营救让他们紧紧相拥；三毛还曾亲身感受到异域澡堂的风情：沙哈拉威女人用石片刮着身上的污渍，哺乳的妇女毫不在意污水流入婴儿口中，她们大声讨论多少年才能有一次清洁身体的机会；三毛在世外桃源般的勃哈多海湾偷看女人们用海水灌肠，结果暴露了藏身之处，慌忙逃走时跑丢了凉鞋；为了改善生活，他们在海边辛苦地捕捞海货，在同事的帮助下艰难售出，却血本无归；他们结识了飞蛾扑火般被拆白党欺骗了感情的沙仑、不知自己的年岁却草率嫁人的罕地女儿姑卡，还有被三毛阴差阳错治好的病人、为免费女子学校捧场的沙哈拉威女人……

为了女儿的生活着想，三毛的父母经常寄来一些食物和布料，甚至连三毛喜欢的灯罩和席子也一起寄了过来。有了这些材料，三毛没有什么是做不到的。对荷西来说，能够吃到中国菜，是非常幸福的事情，这让他对回家充满了期待。普普通通的粉丝在三毛的巧手操作下，轻而易举地抓住了丈夫的胃；同事们隔三岔五地拜访，上司甚至主动点菜，这让中国主妇三毛的家庭地位越来越高。

三毛曾经跌伤过脚踝，在这期间没有好好休息，而是不断写作、赚钱，而荷西则像个孩子，仍离不开冰淇淋和蛋糕，不懂得节俭。

他们的经济依旧拮据，因为条件艰苦，三毛坚强独立的性格在沙漠里显得更加珍贵起来，但是她知道自己要什么，也知道自己拥有什么，所以倍加珍惜现在的生活。

别哭，骆驼

个人的遭遇、命运的多舛都使我被迫成熟，这一切的代价都当是日后活下去的力量。再说，世上有那么多的苦难，我的这些挫折又算得了什么呢？至于心中的落落寡欢，那已是没有办法的创伤，也不去多想它了。

——三毛《归》

婚前，三毛对荷西非常坦白：我的心性并没有多好，你也有着强烈的个性。婚后我们若是吵架或打架，该怎么办？荷西懂得她的忧虑，他说：虽然性情不好，我却知道你心地是很好的。即便有可能吵架、打架，我们还是要结婚。

他那么坚定地要娶这个女人，即便她婚后依旧我行我素，专心做她自己。喜欢你的本来面目，才是真的喜欢，如果结婚的代价是失去个性和作风，我何必娶你呢？荷西的笃定，让三毛更加肆无忌惮地享受着任性的快乐，沙漠里的探险和拾荒成了她婚姻生活的日常。

尽管沙漠的生活非常精彩，三毛的闲暇时间也被各种活动占据得满满，可是这样新奇的体验如果不能与父母和朋友分享，那么再大的喜悦也是不完美的。

三毛重新拿起笔，将婚后生活描述得趣味横生，她扬扬自得地叙说如何成为沙漠里的赤脚郎中，怎样开起中国饭店、免费女子学堂，也不无遗憾地谈起沙仑的愚蠢爱情，感慨着当地令人唏嘘的传统婚姻和习俗，还会介绍如何在茫茫沙海里安下自己的小家，如何历经艰难得到了沙漠驾驶执照……

不仅如此，她还与荷西一起翻译了西班牙漫画《娃娃看天下》。她在沙漠生活时期的文字风格与以前截然不同，字里行间洋溢着热情奔放与豪迈洒脱，从此，“三毛”这个笔名替代了“陈平”，她开始被读者树立为理想爱情与人生的楷模。然而，对三毛来说，写作只不过是她人生的点缀，她钟爱的始终是对世界的感受，出书是为了让父母放心罢了。

中国俗话说“丑媳妇总要见公婆”，虽然三毛在荷西眼中是美丽的，但她仍旧担心是否会被荷西的家人喜爱。荷西的哥哥、姐姐和妹妹且不必担忧，三毛本就与他们是关系不错的朋友，只有原本就不太情愿接受两人婚姻的荷西父母，让她十分焦虑。

婚后，三毛保持着殷勤的汇报频率，每周都与荷西的父母通信。但令她忐忑不安的是，与她进行文字沟通的通常是荷西的父亲以撒，而荷西母亲玛利亚的态度一直不甚明朗。

作为传统的中国女性，三毛对婆媳关系深感担忧。她一边想象着婆婆圣洁如其名玛利亚，一边又担心遇到一个《孔雀东南飞》中的恶婆婆。不过，即便她找出很多理由延迟与婆婆见面，仍旧免不了半年后——圣诞前夕随荷西回到西班牙，与公婆一起度过这个重要节日。

未曾见面，三毛就把婆婆当作假想敌，她在家门口畏葸不前，一进门就主动表达“拐走荷西”的歉疚，听见婆婆起床便不敢偷懒多睡，主动下厨帮忙，绝不敢在婆婆面前独占丈夫。三毛战战兢兢地等到圣诞节前，一个人满腹委屈地去菜市场采购食材，为一家人钦点的中国菜预备原料，在兄姐的“关照”下不得不取消原定的朋友约会，赶赴一场又一场家宴。

她觉得自己“疯了”，“我失去了自己，我也失去了你。我有的只是一大群假想出来的敌人，我打来打去，我累也要累疯了”。

可是荷西却觉得，“她们那么爱你，爱得我出乎意料之外，你还要不满意”，“简直是个没有良心的女人”[①]。

充满戏谑的自我解嘲，让三毛与婆婆之间的相处变得妙趣横生，她开始依照对待自己亲生父母的态度去对待公婆。这段在她看来颇为辛苦煎熬的日子，终于熬到了头，他们迎来回归沙漠的那一天，谁知道婆婆其实也在暗中观察她。临行时，婆婆紧紧地拥抱她，叮嘱她快快回来，告诉她“这儿有你的家”，“妈妈以前误会你，现在是爱你的了”。[②]

听了这话，三毛如释重负。其实直到现在，三毛也很难完全将荷西的父母与自己的父母等同起来。在她眼中，自己拖累了父母太多，让他们尝尽苦楚，还要保持慈爱宽容；相较而言，荷西的父母则没有那么疼爱这个最小的儿子，让他吃了太多生活的苦头。

或许，这就是中西方教育的不同。荷西自己并没有觉得有什么，三毛反倒计较起得失来。抱着对西方亲子关系的恻隐之情，三毛忍

① 引自《亲爱的婆婆大人》，收录于三毛作品集《稻草人手记》，三毛著，哈尔滨：哈尔滨出版社，2003年版。

② 引自《亲爱的婆婆大人》，收录于三毛作品集《稻草人手记》，三毛著，哈尔滨：哈尔滨出版社，2003年版。

不住对荷西加倍关爱。同时，经此一遭，荷西的亲人们也对他们两人的婚姻更加放心了。

受到当地政治因素的影响，二人的沙漠生活很快就告一段落，时间不足三年。三毛用一句简单的话概括这件轰动世界的政治大事：“西属撒哈拉要被摩洛哥和南部的毛里塔尼亚瓜分掉。”作为事件的亲历者，三毛对那个被鲜血染红的日子永生难忘。

三毛原本以为见识过沙漠中最原始的奴隶与阶级的存在，便已经大开眼界，谁知自己竟然与沙哈拉威游击队领袖巴西里及其妻子沙伊达做了朋友。如果给三毛一个重新来过的机会，她一定还会做出同样的选择。那幅被血红色覆盖的画面，成为三毛对撒哈拉最后的记忆。

1976 年 10 月，三毛先行乘坐飞机离开撒哈拉沙漠，暂居一水之隔的大加纳利群岛。荷西没有跟她一起走，因为他需要开车带着他们的全部家当到海边，晚些时候才能与她会面。

三毛等了十五天，一直没听到荷西的消息，开始焦虑起来，每天三包烟，寝食难安。终于，荷西出现了，他还依靠自己的能力获得官方的协助，将家中的财产一起带来，三毛的喜悦无以言表。

当时他们几乎已经将所有的积蓄，都用于不久将要在马德里入住的房子，战乱的到来让他们措手不及。没想到，他们刚刚逃离战乱，向双方父母报了平安，又接到了荷西父母一家即将造访的消息。三毛不由得怨怼起来：中国父母关心的是逃难的孩子是否受到惊吓、钱够不够用，要不要回到妈妈身边——可是西方人，或者说荷西的妈妈却根本不在意他们有没有精力接待亲友。三毛的这种不满，在荷西看来不可理喻。

在手忙脚乱的招待中，三毛渐渐迷茫起来：

为什么没有一个人问我沙漠逃难的情形，没有一句话问我们那个被迫丢掉了的家。婆婆没有问一声儿子未来的职业，更没有叫我们回马德里去，婆婆知道马德里付了一半钱的房子，而今荷西没有了收入，分期付款要怎么付，她不闻不问。她、姐姐、姐夫，来了一天了，所谈的不过是他们的生活和需求，以及来度假的计划。我们的愁烦，在他们眼里，可能因为太明显了，使得他们亲如母子，也不过问，这是极聪明而有教养的举动。比较之下，中国的父母是多么的愚昧啊！中国父母只会愁孩子冻饿，恨不能把自己卖了给孩子好处。

我自己妈妈在中国的日子跟我现在一色一样，她做一个四代同堂的主妇，整天满面笑容。为什么我才做了五天，就觉得人生没有意义？我是一个没有爱心的人，对荷西的家人尚且如此，对外人又会怎么样？我自责得很，我不快乐极了。[①]

然而，这场持续数日却漫长如一个世纪的战役结束后，三毛又坦然了。她不再去思考如何与亲戚相处、处理接踵而至的家务，因为这里又是她的家了——没有其他需要烦恼的事情，她只需让自己愉悦。

经济越发拮据，如果不工作，怎样维持生活呢？荷西只得回到撒哈拉去，在硝烟中搏命换取家用。三毛的恐惧与忧郁一日多过一日，终于在某一天出了车祸，不得不卧床。荷西毅然丢下刚刚涨薪的工作，回到她身边。

他太了解她，知道自己必须守护在她身边，她方才安心，正如结婚前某一个普通的日子，她只是呕吐而已，他却在床边看护良久，直到她痊愈。

其实早在婚前，荷西就曾小心翼翼地询问过三毛的心意："你想要一个赚多少钱的丈夫？"

三毛自称唯恐荷西不愿娶她，忙不迭地表白心迹："看得不顺

---

① 引自《这种家庭生活》，收录于三毛作品集《稻草人手记》，三毛著，哈尔滨：哈尔滨出版社，2003年版。

眼的话，千万富翁也不嫁；看得中意，亿万富翁也嫁。”“（如果是你）那只要吃得饱的钱也算了。”

然后一本正经地说自己吃得不多，“以后还可以少吃点”。[1]

但是贫贱夫妻百事哀，三毛没有稳定的收入，荷西的工作又充满危险，如同世上任何一对普通的夫妻，婚姻里的两个人都会因为各种琐事发生争吵。毕竟是两个完全不同的个体，双方的意志、想法要完全重合，几乎不可能，然而不管怎么争吵，感情是不会变的。因为三毛对荷西非常依赖，不愿他离开，所以三毛与荷西发生了争执。

失业的荷西依旧坚持着大男子主义的原则，不愿靠妻子微薄的薪水供养。荷西向世界各地寄出求职信，尽管他的职业素养很高，工作能力很强，但仍旧没有找到适合的工作。

“两个人常常失眠，黑暗中拉着手躺着，彼此不说话。”三毛焦虑至极，甚至写信给蒋经国，希望为荷西这位中国女婿谋得一份差事，却得到了表达歉意的回复。

但他们对生活的热情仍旧没有消弭。在远离城镇的海滨社区“小

---

① 引自《大胡子与我》，收录于三毛作品集《哭泣的骆驼》，三毛著，哈尔滨：哈尔滨出版社，2003年版。

瑞典”，他们居住在退休老人中间，觉得“日子跟大自然仍然脱不了关系”。他们在渔船到来时帮忙拉渔网，与朋友爬山露营，营造自己的小花园、小菜园，夏日里每天都要在海滩上散步，到海里潜水。不出门的时候就看看书，听听音乐，写写文稿，捡捡石头。每天只吃一餐，腹中饥肠辘辘，但见到推销西班牙文百科全书的年轻人，仍会不惜高价买下一套来，算是帮他的忙。[①]

善良的傻子顾不上自己空空荡荡的肠胃，还要拿出有限的钱财普度众生，真是可敬又可怜。

三毛原本想要离群索居，不再重复沙漠里被邻居烦扰的生活，却因为这份改不了的天生好心，又一次落了空。不过，三毛其实是享受的，她太需要爱和关注，即便远离人群，她仍旧拥有人们的爱护，与沙漠里一样，“在此我的朋友很多，大家都对我好，所以我很受疼爱，精神上不觉孤独”[②]。

---

① 引自《百科全书》，收录于三毛作品集《我的宝贝》，三毛著，哈尔滨：哈尔滨出版社，2003年版。

② 引自三毛与父母的信札，收录于三毛作品集《我的灵魂骑在纸背上》，三毛著，哈尔滨：哈尔滨出版社，2003年版。

Chapter 04

谁还在等我

三毛突然意识到哪里不太对劲，因为“千里共婵娟”似乎并不是一个吉祥的期许。如果不是分隔“千里”，怎么会要祈祷“共婵娟”呢？

“因为幸福满溢，我怕得悲伤。”三毛投入荷西的怀抱，低下头，藏起心事。

厨房的蝴蝶夫人

小时候看童话故事，结尾总是千篇一律——公主和王子结了婚，从此过着幸福的生活。童话不会骗小孩子，结过婚的人，都是没有后来如何如何的。白雪公主、灰姑娘、睡美人，都没有后来的故事。

——三毛《尘缘》

因为身体的缘故，也因为对家人的思念，三毛拎起行囊回到了台湾。此次返台的情形，已与往昔大不相同。因为沙漠文字的出版，三毛已然是宝岛乃至华文地区声名鹊起的红人。她一边治疗身体，一边不得不耐着性子参加一些厌恶的聚会。

幸而在这些聚会上，她结识了很多日后的至交好友，甚至还做了徐訏的干女儿。他们都是籍贯浙江的游子，三毛小时候读过的第一部长篇小说《风萧萧》便是他的代表作。

除了徐訏，三毛还结识了平鑫涛——琼瑶的丈夫，皇冠出版社的主编。这是她创作生涯中重要的贵人，日后也因为平鑫涛夫妇的赏识与认可，她的文集一本接一本地出版，三毛也因此成为享誉华人文化圈的名人。她称呼琼瑶（本名陈喆）“陈姐姐”，休学时追着读她的小说《烟雨濛濛》连载，能够相识成为朋友，实在是令人愉快的事情。

至此，三毛的身体逐渐痊愈，精神上也享受到众星捧月般的爱戴。当荷西的来信越发密集的时候，三毛正在岛上各处游览。三毛许久不曾踏上故乡的土地，此次听到熟悉的乡音，能够放下家事承欢膝下，让她颇感惬意。

荷西虽然后知后觉，却在“警告逃妻”的信中表露出狡猾的一面。他编造出浪漫的桃色邂逅，虚构出恋慕勾引他的女子，从无微不至的叮嘱关怀到欲擒故纵的享受独居，唬得三毛马不停蹄赶回了非洲。

有多少人在看到荷西写给三毛的信时，边哭边笑边感叹羡慕，就有多少人读懂了撒哈拉沙漠的意义。

在三毛的作品中，她刻画着自己，描摹着爱人，记录着身边的每一张面孔。很难说那些都是完全真实的模样，毕竟她的眼睛看到的、心灵感受到的，与任何人都不同。三毛生而贴近大地，亲近海洋，热爱自由。喜欢三毛的人，尝试走她走过的路，细读她记下的文字，无数日夜里陪她活过这段时光，读者们不管如何用心良苦，品味的都应该是自己的人生。

为了自尊，也为了保证家庭收入，1977 年初，荷西与一家德国潜水公司签订了工作合同，赶往尼日利亚开始水下作业。那家公司很小，干活的只有荷西和另一位工程师，合同中约定的薪水被莫名扣除大部分，待遇也远不是当初约定的那样。

但是被扣下护照的荷西，为了赚钱养家，顾不得饮食和居住方面被苛待，每日工作十几个小时，整个人迅速消瘦下去。三毛实在气愤不过，特意赶赴荷西的工作地，凭借着伶牙俐齿和得理不饶人的脾气，帮荷西索要到了一千多美金的薪水。尽管这与荷西应得的薪酬相差甚远，但聊胜于无。

在荷西拼命工作的日子里，三毛也在辛苦工作。她做过某国领事馆的秘书，但是中途就主动“卸任”了。这一年，她的《稻草人手记》《哭泣的骆驼》等文集接连出版，拿到了丰厚的稿酬。生活终于有了起色，填饱了肚子的两个人，很快忘记了工作上的不愉快，高高兴兴地去葡萄牙度假胜地玛黛拉游玩了数日。

结束这次旅程后，三毛由衷感慨道：“现实和理想总没有完全吻合的一天，我的理想并不是富贵浮云，我只求一间农舍，几畦菜园，这么平淡的梦，为什么一样的辛苦难求呢？”

不承想这个梦很快就实现了。

或许是因为好事做得太多，荷西终于时来运转，在附近的小岛——丹娜丽芙岛上找到了一份建造人工海滩的工作，这里距离大加纳利岛不远，乘坐轮渡只要四个小时。离别太久的三毛与荷西撇下“小瑞典”的房子，在丹娜丽芙岛安了新家，夫妻二人为了更好的生活，不吝钱财，从小公寓换到临海的大屋。

在这里，三毛仍旧过着闲云野鹤般的生活，厨艺方面她开始沉迷于烤蛋糕，手艺应该不错，荷西总是颇为捧场，吃得精光。三毛也经常出去“拾荒”、采买，一如她在世界上任何一个角落所做的事情。

在店铺里，三毛看到台湾生产的与她打扮相似的木制娃娃，顿时大为惊奇，店员也说与她极像——她们都是绑着辫子的黑发女孩。

三毛将这当成一则趣事说给荷西，殊不知一向粗心的丈夫竟然悄悄买下了这个玩具，放在烤箱里，在小船边上写着工整的“1978-ECHO号”①。

① 引自《小船ECHO号》，收录于三毛作品集《我的宝贝》，三毛著，哈尔滨：哈尔滨出版社，2003年版。

这就是荷西的浪漫。

然而，两人的感情也曾出现“第三者”。结婚四年的时候，荷西与三毛分别十几天，回西班牙处理深海潜水证的问题，他在信中对三毛坦承，他遇到了一个喜欢的女孩子，只是他现在已经结婚……三毛不知该如何回应，三个月之后，荷西仍旧对此念念不忘。三毛对荷西说，可以从这段婚姻中退出——这并不是不爱了，而是最大的、最珍重的爱的表达。荷西哭着抱住她，于是这件事就这样过去了。

一年后，当这件事再次被提起，荷西却说：“那种爱情，属于一霎永恒的完成，难忘。至于说我们之间，生活的恩和情扎得太深，天长地久了。”后来荷西去世后，三毛还见过这个女孩，并且帮她找到了自己的幸福。女孩结婚后生了个男孩，取了荷西的名字做纪念，称呼三毛为“中国妈妈”[①]。

丹娜丽芙岛也是游客观光的名胜，三毛彼时已是名人，偶尔也会遇到认出她的华人。在某个采买的日子，三毛突然听到一句中文的问候：“请问你是三毛吗？”三毛客气地微笑着回应他，仿佛面对一个陌生的同乡。然后突然发现，面前的人竟是十多年不见的表

① 引自《如何面对婚外恋》，收录于三毛作品集《亲爱的三毛》，三毛著，哈尔滨：哈尔滨出版社，2003年版。

姐夫！

表姐夫会开船又会造船，可亲又友爱，从相识到迎娶六表姐，三毛都曾在一旁见证。因为知道三毛在这里生活，要来此停船的表姐夫提前写了信，三毛却始终没有收到。停泊两天后，只得到处打听，找到了三毛的居所，却发现她出门买菜去了。

时间如白云苍狗，亲人再见之时，都已经是两鬓染霜的中年人了。但两人之间的情感丝毫没有生疏，三毛匆忙之下，做了简单的饭菜招待。三毛早已见惯荷西的不修边幅，此时看来却有些落拓了。荷西也吓了一跳，远隔重洋的亲戚从天而降，让他的大胡子下隐藏的表情都凝固了。

表姐夫万分惊愕，实在没想到表妹嫁给了《水浒传》里阮小七一般的人物，脸上隐约有些惊讶的神色。午餐时，表姐夫与荷西琐碎地闲聊起来，因为专业相似，竟很快投机起来，还结伴游览了海岸。

约定好周末在表姐夫的船上吃饺子，荷西却发起愁来。这是他第三次见识这种传统的中国食物，以往对饺子的印象并不太好。三毛解释饺子代表的深情，这种食物看来简单，但工艺烦琐，饱含厚谊。

三毛心头的乡愁被地道的中餐勾起，可是这份幽怨在看到荷西狼吞虎咽的时候瞬间散去。表姐夫的船临时改了行程，当晚就要离开。船员们送给她很多中国白菜，把剩下的饺子也叫人打包、洒上麻油给她，三毛接过来时满眼热泪。短如一瞬的离愁，“明日又天涯”的别恨，在 B 型血的三毛身上，来去匆匆。

深夜，三毛将表姐夫给她的东西摊开看——酱油、榨菜、辣萝卜、白糟鱼、柠檬茶、黄冰糖……连杀虫粉、防蚊油、李小龙的英文传记都打包给了她。这是家乡的特色，是故土的味道。寂静的深夜，三毛将白菜切了丝，用酱油拌了，就着冷掉的饺子，连同思念一同咽了下去①。

荷西吃过好吃的中国饺子，表示还要吃。三毛尽管感到为难，为了满足丈夫和朋友，还是努力学习。经过不断实验，在嘲笑和嫌弃中，三毛手中的饺子终于逐渐成形，味道变得可口起来。

三毛曾经工作过的某国领事馆的女老板，带着马德里来的总领事巡视，享受到海边中国饭店的盛情招待，对三毛的手艺赞不绝口——他们哪里懂得，这位东方女人只不过把这当作一场家家酒的游戏，尽情享受扮演这份角色的快乐罢了。

起初住在小公寓的时候，三毛还是过得很愉快的。她把冒着生

---

① 引自《永远的夏娃》，收录于三毛作品集《背影》，三毛著，哈尔滨：哈尔滨出版社，2003年版。

命危险从海边捡来的石头洗干净，晾晒后仔细地端详，从粗砾或光滑的表面看到内里，用画笔描绘石头诉说的故事，画着画着几近疯魔，她的健康都受到了影响。但是那些石头仿佛有了灵魂，多看一眼都摄魂夺魄。

邻居是来自西班牙的黛娥，是荷西同事的妻子，热情活泼，每日的拜访和陪伴给三毛的生活增添了许多乐趣。摆小摊子的日本人莫里，谦和诚恳，不卑不亢，以贩卖饰品的方式赚钱周游世界。三毛生病的时候，得知莫里遭了难，因为不能帮助这位朋友，三毛愧疚难过了很久。这些活跃在三毛笔下的人，也成为她海岛生活的重要组成部分。

丹娜丽芙岛上的生活也不全然是快乐的。他们租住的公寓硬要派一名清洁工人给她，这位叫玛利亚的女工似乎并不是来协助三毛处理家事，反而像个恶妇指手画脚，除了随意摆弄三毛的私物，更是经常传播些闲言碎语，还自作主张丢掉了三毛画好的石头。几经抗争，历时许久，三毛才让她离开。

无论多大年纪，无论在哪个国家的属地，三毛仍旧保持初次接触世界的样子。她挚诚纯真，认为这世界上到处都是她欠情的“债主”，因此她一定要拿出自己的真心回馈他人。结了婚的三毛没有因为成立了小家庭而变得世故，因为荷西出手比她还要大方：工地上年迈的守夜人、孤老的邻居加里、“妻奴”同事米盖、邻居的红发养子达尼埃、深谙推销之道的卖花女……连难缠的女佣玛利亚，荷西都不愿伤害。

无数次发出感慨的三毛终于认清现实，她已经这样傻气，偏又嫁给了比她还单纯善良的荷西。这样叹息的同时，三毛仍旧转过身充当人间的“上帝”去了。

但愿人长久

结婚以前，在塞哥维亚的雪地里，已经换过了心，你带去的那颗是我的，我身上的，是你。埋下去的，是你，也是我。走了的，是我们。

——三毛《梦里花落知多少》

三毛总以为，栖居沙漠数年、历尽情路坎坷的自己早就看淡了生死，殊不知这只是她自我安慰罢了。

因为小事与荷西发生争执而剪掉长发的三毛，被荷西冰冷的态度刺伤，迷迷糊糊地哭了一夜。清晨荷西带着一身露水回来，修剪她参差不齐的头发，叹息道："要是一日我死了……"

三毛悲从中来，忍不住抱着荷西哭得更厉害了。

头发逐渐长起来，但是三毛内心的不安从未缓解。三毛总是能敏感地觉察到不祥的气息。她做着诡异的梦，梦中有人要把她带离人世。她不敢说出来，生怕应验，只在心里默默地难过。

到了年底，荷西的工作终于大功告成。在造好的人工堤岸旁边，三毛依偎着荷西，望向黑夜里绽放的缤纷烟火。她不断重复着心愿：但愿人长久，但愿人长久，但愿人长久……

三毛突然意识到哪里不太对劲，因为“千里共婵娟”似乎并不是一个吉祥的期许。如果不是分隔“千里”，怎么会要祈祷“共婵娟”呢？

“因为幸福满溢，我怕得悲伤。”三毛投入荷西的怀抱，低下头，藏起心事。

来自台湾刊物的约稿，给三毛指定了一个题目：“如果你只有三个月的寿命，你将会去做些什么事？”三毛想了许久都没有完成这份考卷，荷西听说了这件事，同样对妻子未写下的答案感到好奇。他一直追问，三毛却无法给出明确的回答。

荷西纠缠着三毛，一直重复道：“你不死，你不死，你不死……”然后又说，“我们都不死。”①

---

① 引自《不死鸟》，收录于三毛作品集《梦里花落知多少》，三毛著，哈尔滨：哈尔滨出版社，2003年版。

“那么我们怎么样才死？”三毛问道，“要到你很老我也很老，两个人都走不动也扶不动了，穿上干干净净的衣服，一齐躺在床上，闭上眼睛说：好吧！一齐去吧！”[①]

但是荷西不这样想。他说，要在一个秋天，没有波浪的海洋，不是为了工作，也不是为了打鱼下海，他到水里为了与他的朋友们（水里的游鱼）游玩时，他闭上眼睛，离开尘世。

他们二人是回到大加纳利岛过新年的。两个月后，荷西还未享受够甜蜜，便接到了拉芭玛岛的新工作，提着箱子离开了家。

“家里失了荷西便失了生命，再好也是枉然。”三毛很快收拾了行李，托运了汽车和杂物，追了过去。当沉重的火山映入眼帘，三毛没来由地一阵憋闷：“心里怪怪的，看见它，一阵想哭似的感觉。”

小岛人烟鲜少，两人租不到房子，便住在公寓旅馆，他们的大部分收入都花在这上面。结婚六年，下班回家的荷西仍然像是投林的鸟儿一般，不肯慢慢地走，一定要跑着。三毛还发现，近来的荷西像个依赖母亲的孩子，如果不能拉着她的手，便无法安眠。三毛停止写作，每晚都陪着丈夫入睡，无数次在心底慨叹，留给他们相

① 引自《不死鸟》，收录于三毛作品集《梦里花落知多少》，三毛著，哈尔滨：哈尔滨出版社，2003年版。

伴的时间似乎不多了。

因为心脏频繁感到不适，三毛悄悄去看了医生，还去公证人那里写下了遗嘱。

因为“总觉相聚的因缘不长了”，三毛连朋友聚会都很少参与，所有时间都用来与荷西独处。荷西一有时间便要回家，哪怕维修作业机械的两个小时都不愿虚耗；三毛也是一样，买了蔬菜水果，便要赶到工地，等那人出了水面，分享一颗樱桃也是好的。

结婚纪念日那天，荷西送她一块罗马字的老式女用手表：“以后的一分一秒你都不能忘掉我，让它来替你数。”[①]

那晚，三毛久久不能入睡，忍不住推醒他：“荷西，我爱你！”

荷西惊醒过来，等了多少年的这句告白，竟然真的从她口中说出来。

三毛哽咽道：“爱你胜于自己的生命，荷西——”

三毛说，“要是我死了，你一定答应我再娶，温柔些的女孩子好。”又说，“不再婚，我是灵魂永远都不能安息的。”[②] 她早就

---

① 引自《梦里花落知多少》，收录于三毛作品集《梦里花落知多少》，三毛著，哈尔滨：哈尔滨出版社，2003年版。

② 引自《梦里花落知多少》，收录于三毛作品集《梦里花落知多少》，三毛著，哈尔滨：哈尔滨出版社，2003年版。

安排好了身后事，唯独担忧丈夫不能释怀。

这时，三毛出外旅行的父母即将造访的消息传来，三毛顾不得心中的不安，前往马德里迎接。

半个多月后，三毛带着父母踏上拉芭玛岛，荷西从忐忑不安到镇定自若，很快适应了自己的“半子”身份。在岳父母到来之前，荷西还在纠结到底应该如何称呼他们。毕竟两地风俗不同：西班牙习惯称呼公婆为先生、太太（但三毛固执地称呼他们“以撒爸爸”“玛利亚妈妈”），中国则是男方跟着老婆直呼父母为爸爸、妈妈。

为了与三毛的父母更好地沟通，荷西每天都要学一会儿英文，希望交流起来方便。等三毛带着父母降落，才发现荷西已经在机场等候。他一只手抱着三毛的父亲，另一只手抱着三毛的母亲，叫三毛也投进怀抱，一家人拥在一起的画面温馨感人。

初次见面，荷西有些紧张——娶了人家女儿多年，却始终未曾登门拜访，吃了丈母娘寄来的中国菜，也不过是信里寥寥几语的感激。他用中文叫了“爸爸”“妈妈”之后，便羞赧地低下头，赶紧去找活儿干。

三毛鼓励他用英语与父母聊天，可是荷西紧张得说不出来。

他实在太在乎这次相聚了。为了这一刻的见面，他已经几晚都没能睡好。在餐桌上，荷西突然用生硬的英语对三毛的父亲说：“爹爹，你跟三毛说，买摩托车好不好？”[1]三毛早就知道荷西想要摩托车，但是担心骑行危险，一直不同意。当荷西用三毛对父亲的昵称“爹爹”来称呼岳父时，三毛忍不住流下了眼泪。

三毛认为，这是至深的爱。她自问难以将荷西的父母当作自己的亲生父母，但她却在这时感受到荷西的爱屋及乌。陈嗣庆夫妇是多好的人，他们帮助女婿完成了心愿，荷西像个得宠的孩子，与岳父更加亲近起来，两个人经常一起下棋，骑着摩托车去海边兜风。

原本打算欧洲游的父母在岛上停留了整整一个月，可见一家人的亲密与和谐。在此之前，三毛与荷西并不打算要孩子，因为他们有彼此就足够了，无论是女孩还是男孩，都会占据彼此的爱。这对夫妻的感情太深太浓，吝啬到不愿割舍给孩子，连三毛都觉得自己又“孩子气”又“自私”。但是父母的到来，让荷西感觉中国大家庭的气氛太美好，不像自己西班牙的家庭那样有距离感，有个孩子的话，可能会让两个人都更幸福。

如果他们有一个孩子，又会是怎样的结局呢？如果荷西走了，

---

① 引自《一个男孩子的爱情》，收录于三毛作品集《梦里花落知多少》，三毛著，哈尔滨：哈尔滨出版社，2003年版。

给三毛留下一个孩子，那么三毛还会有后来的痛苦吗？如果三毛先走，荷西又会不会把这个孩子当作三毛生命的延续呢？

然而，世上的事情，但凡提到“如果”，都是枉然。

送三毛和岳父母离开小岛时，荷西比三毛还要不舍。他抱着岳母，亲昵地叫着“姆妈”，他说，不喜欢看见她流泪，分离是暂时的，明年的一月就可以在台北见面了！荷西看着飞机上的三毛和岳父母，跳过花丛，追寻他们的身影，不停地挥手。三毛心中有股说不出的憋闷，不知道为什么，总感觉牵挂着地面上的爱人。

在飞机上，三毛接到邻座太太的名片，上面“未亡人”三个字刺眼又锥心。联想起坎坷的感情经历，一年来的隐忧此时重浮起，让三毛惴惴不安。

德国未婚夫的去世曾经让三毛痛苦万分，当时父母在她身边紧紧拉住她，否则那一锤锤钉合棺木的声音，足以让她跟随去世的未婚夫一起离开这个世界。陈嗣庆用坚强的声音不断重复道：“不要怕，还有爹爹在，孩子，还有爹爹姆妈在啊！”

万万没想到，这一幕还会再次出现。

三毛的姐姐后来提及这个场景时，也忍不住感慨，当时父母突然想要去欧洲旅行，第一站就落脚在妹妹定居的岛上。如果当时不是父母陪在她的身边，而是让她一个人在那边，她一定也跟着荷西走了。[①]

因为事发突然，除了三毛和她的父母，没有近旁的亲人见过荷西，很多阴谋论者因此认为，荷西不是死了，而是受不了三毛的神经质，与她离婚了，所谓的潜水溺亡，不过是三毛在作品中的托词。这种怀疑令未亡人和她的亲人难以接受，爱人离世已经足够让人悲痛，为何还要让人忍受诬蔑和质疑？

有些感情无需外人置喙，不必多言评议，从当事人的一字一句、别离重逢、感情的至死不渝，就足以咂摸到其中甘苦。

因为投入太多，情根深种，如三毛所言，婚前没有什么惊心动魄、轰轰烈烈的死去活来，婚后的几经波折，反而让他们的关系更加紧密。

荷西的死的确诡异，整个西班牙比他会潜水的人寥寥无几，更何况是浅海？可是偏偏智勇困于所溺，这一次下去，他就再没有浮出水面。

荷西一生挚爱有二：一为海洋，一为三毛。如果生有所爱在侧，死于所爱怀抱，细细想来，倒也是个不错的归宿。

---

① 引自《三毛1943—1991》，师永刚、陈文芬、沙林编著，北京：作家出版社，2011年版。

可是三毛怎么能理解，怎么能接受？即便她早已为心中的不安做好心理准备，在婚前给父母的信中说，“荷西去潜水，如果出事了，人生也不过如此，早晚都要去的，也用不着太伤心”，可是真到了这一天，如果让她用自己的性命来交换他的，她也在所不惜。

“若教眼底无离恨，不信人间有白头”[①]，匆匆赶回拉芭玛岛的三毛，真应得上那句“肠已断，泪难收”[②]。

① 引自《鹧鸪天·晚日寒鸦一片愁》，收录于《辛弃疾诗词全集》，（南宋）辛弃疾著，谢永芳编著，武汉：崇文书局，2017年版。

② 引自《鹧鸪天·晚日寒鸦一片愁》，收录于《辛弃疾诗词全集》，（南宋）辛弃疾著，谢永芳编著，武汉：崇文书局，2017年版。

十分伤处锦成灰

出发，总是好的，它象征着一种出离，更是必须面对的另一个开始。火车缓慢地带动，窗外流着过去的风景，在生命的情调上来说是极浪漫的。火车绝对不同于飞机，只因它的风景仍在人间。

——三毛《朝阳为谁升起》

或许，孤独才是人生在世的永恒形态。

1979 年 9 月 30 日那天消失在海上的荷西，两天后才回到爱人的身边。陪伴着三毛回到拉芭玛岛的陈嗣庆夫妇，紧紧抓着女儿，不希望她看到荷西可怖的面容。但是三毛还是不顾一切地扑上去痛哭，她用爱人曾经痴迷的温柔声线嘶吼着，希望能够呕出心头的血以此换回他的复生。

从前多次经过墓园，眼里都是静谧与安详，“方方的纯白的厚墙”与“古老的镶花铁门”里，可以远眺海岸线的安息地，如今自己的一生所爱却要住进这里。

三毛来到老木匠的店里，亲手画下十字架的图案，告诉这位老朋友，只需要在木牌上刻下荷西的名字和她的深情：“荷西·马利安·葛罗——安息，你的妻子纪念你。”老木匠安慰着她，希望她坚强起来。三毛感动不已，早已哭不出来，她已经麻木了，灵魂跟着荷西一起走了。

在那些曾经反复折磨她的诡异的梦中，一直凭空出现的两副棺材，眼下是真的变为现实了：一副盛殓着他的肉体，一副安放着她的灵魂。她不能倒下，很多事情需要她亲自去完成：

> 要去葬仪社结账，去找法医看解剖结果，去警察局交回荷西的身份证和驾驶执照，去海防司令部填写出事经过，去法院申请死亡证明，去市政府请求墓地式样许可，去社会福利局申报死亡，去打长途电话给马德里总公司要荷西工作合同证明，去打听寄车回大加纳利岛的船期和费用，去做一件又一件刺心

而又无奈的琐事……[1]

荷西身后事的每道程序都在不断敲打她脆弱敏感的神经，一遍遍冰冷地重复着：你的爱人荷西，你的爱情，你全部的爱恋，已经死了，永远离开了，再也回不来了。

她不敢停下来，害怕安静，也渴望宁静：你已经失去他了，永远失去他了，那么艰难才能拥有的相爱和相守，全都消失了。

前几日，他们即使睡着也双手紧握，如今却只剩三毛的手，变得僵硬而冰冷。隔了一层黄土，便是隔了一重人间。前几日还接受亲吻的温热面颊，如今甚至分辨不出生动的容颜。争吵也好，拥抱也罢，温声细语还在耳边。一个幸福的家庭被拆成两个世界，今生所爱永不能圆满。

三毛不肯让父母陪同，她需要独自为荷西做最后一件事，不忍心再看父母为她伤神。

她要去搬十字架和木栅栏，亲手挖开那片埋着荷西的黄土，为荷西的安睡尽最大的力气。因为，下面埋着不只是她的丈夫，还有

---

① 引自《背影》，收录于三毛作品集《背影》，三毛著，哈尔滨：哈尔滨出版社，2003年版。

她破碎的心。

去墓园的路上，三毛遇到了憔悴而坚强的母亲。她惊觉自己沉浸悲痛的这些日子里，父母再次为她承受了巨大的悲伤。除了父母，没有他人可以分担这份悲痛，荷西的父母甚至并不关心她的死活。在葬礼过后的几个小时里，被打了镇静剂的三毛突然撕心裂肺地呼喊着：“荷西回来！荷西回来！”

母亲撑着心力为西班牙赶来的荷西家属准备饭食，父亲勉力支撑着身体迎来送往，那些本该安慰她、痛惜荷西逝去的所谓亲人，竟还顾得上去抢购免税的烟酒、手表和相机，而后一走了之。

心是死了的，竟还感受得到冷漠的亲情；感官是麻痹的，竟还扯得出讽刺的冷笑。荷西，你走得这样不值吗？难道这世上最后还在珍视你的，仅是你唯一的爱人和只相处了月余的岳父岳母吗？

“爱到底是什么东西，为什么那么辛酸那么苦痛，只要还能握住它，到死还是不肯放弃，到死也是甘心。”父母与自己之间，荷西与自己之间——爱到底是什么？怎么这样痛？怎么这样苦？为什么在纯粹的美好中，一定要掺杂上悲伤？

三毛想过紧随着荷西告别这个世界，彻底结束无边无涯的煎熬和思念。可是怎么行呢？前半生的惊涛骇浪已经折损了父母太多的心力，应该回馈给他们温暖和安心了。夜深人静时分，三毛忍不住表露追随荷西的想法，一向理智冷静的父亲突然激动起来：

“你讲这样无情的话，便是叫爸爸生活在地狱里，因为你今天既然已经说了出来，使我，这个做父亲的人，日日要活在恐惧里，不晓得哪一天，我会突然失去我的女儿。如果你敢做出这样毁灭自己的生命的事情，那么你便是我的仇人，我不但今生要与你为仇，我世世代代都要与你为仇，因为是——你，杀死了我最最心爱的女儿——”①

母亲不敢再刺激她，只是一遍又一遍低声哀求：“你再试试，再试试活下去，不是不给你选择，可是请求你再试一次。”②

三毛一向希望活得决绝，爱也干脆，恨也果敢。此刻，她却迟疑了。或许并不该仅仅为了自己的感受活着，痛也好，伤也罢，只要还活着，就是给予父母最大的回馈。对自己也狠辣的三毛，因为内心太过柔软，反而更容易只为别人活着：“我但愿你永远也不知道，一颗心被剧烈的悲苦所蹂躏时是什么样的情形，也但愿天下人永远不要懂得，血雨似的泪水又是什么样的滋味。”③

---

① 引自《不死鸟》，收录于三毛作品集《梦里花落知多少》，三毛著，哈尔滨：哈尔滨出版社，2003年版。

② 引自《不死鸟》，收录于三毛作品集《梦里花落知多少》，三毛著，哈尔滨：哈尔滨出版社，2003年版。

③ 引自《梦里梦外》，收录于三毛作品集《梦里花落知多少》，三毛著，哈尔滨：哈尔滨出版社，2003年版。

如果永不停下脚步，痛苦就不会乘虚而入。

在父母的陪伴下，三毛回到了台湾，在生活了二十几年的故土，修复破碎的精神世界。家人和朋友们陪着她走走转转，希望能让她重拾活下去的信心。

在得知荷西去世的第一时间，平鑫涛和琼瑶就向三毛发来电报："回来吧，台湾等你，我们爱你。"

飞机落地之后，迎接她的是闪光灯和记者的追问，三毛再次被提醒永失所爱，更加痛苦万分，于是闷在家里，不愿见任何人。

琼瑶强硬起来，要求她一定要来自己家里："这里没有人，你来哭，你来讲，你来闹，随便你几点才走，都是自由。你来，我要跟你讲话。"她知道，三毛要把情绪宣泄出来，总是闷着会闷出毛病。

三毛哭着问道："在你面前的人，喝着同样的茶，为什么茶是永远的，而人，不同了？"

琼瑶逼着三毛答应不自杀，但是这简简单单的三个字，却是足足等了七个小时才换来的承诺。

琼瑶送三毛出门回家，又要求她回家对父母说那三个字。等她到了家里，琼瑶又追来电话，一定要她履行诺言。在这样直白强迫的"威胁"中，三毛内心的柔软被击碎，终于有了点能够面对煎熬的勇气。[1]

“家”，多么美好的字眼。但父母的家、台湾，都不会是她的终点。她的小家已经碎了，旅途才是她的皈依。不管走到哪里，她的朋友、她与荷西共同的朋友，都小心翼翼地呵护着她的情绪，鼓励她，也安慰她；而三毛一直不断地强调，她并非孤身一人，丈夫一直在她身边，只不过换了一种存在的形式罢了。

“好一场不见痕迹的沧桑啊！”三毛再次踏上西班牙的土地，辗转多地，终于按响荷西父母家的门铃。等来的却是婆婆玛利亚一再提醒的遗产分割，以及形式上的黑色身份。唯有妹妹伊丝帖和哥哥夏米叶一如往昔，他们是荷西的手足中最懂他、也最懂她的人。

烦琐的遗产分割手续，三毛终于还是放弃了。因那毕竟是荷西的父母，什么都给了他们也无可厚非。伊丝帖鼓励三毛争取应得的权益，哪怕是法律也会照顾未亡人，她不惜与父母对立、争吵，但三毛不愿把已经冰冷的亲情再扒开来让荷西的在天之灵看见。

人已经不在了，那些房子、财产又有什么意义呢？唯有回忆珍贵，且无法被任何人与岁月褫夺。三毛对荷西小时候的相册百看不厌，请求将照片翻拍，可公婆却不肯借给她。二哥夏米叶在她临行

---

① 引自《送你一匹马》，收录于三毛作品集《送你一匹马》，三毛著，哈尔滨：哈尔滨出版社，2003年版。

时偷出相册，塞进她的行囊。

为了荷西，也为了自己，三毛选择违背与父母的约定，仍旧回到大加纳利岛上的家。

她嘴上说看得开——“人生的聚散本来在乎一念之间，不要说是活着分离，其实连死也不能隔绝彼此的爱，死只是进入另一层次的生活，如果这么想，聚散无常也是自然的现象，实在不需太过悲伤”①，但是心里是明白的——“虽说中国是血脉，西班牙是爱情，而非洲，在过去的六年来已是我的根”②，在这个世界上，如果荷西走了，她便无处容身。

在岛上的家里，三毛仍旧有很多事情可以做。她维持着丈夫在世时的生活状态：写作也好，回信也罢，试着继续为中国饭店营业，收获与荷西一起播种的蔬菜……朋友们更加关心她，丰富而深厚的友情在某种程度上填充了爱情缺席留下的空洞。

三毛不是不能再爱，也不是不会再爱，而是已经没有爱，荷西带走了她的一切。

---

① 引自《归》，收录于三毛作品集《梦里花落知多少》，三毛著，哈尔滨：哈尔滨出版社，2003年版。

② 引自《归》，收录于三毛作品集《梦里花落知多少》，三毛著，哈尔滨：哈尔滨出版社，2003年版。

万水千山终有尽

心之何如，有似万丈迷津，遥亘千里，其中并无舟子可以渡人，除了自渡，他人爱莫能助。此心谈何容易，认真苦寻，反而不得，拉杂写来，无非玩味生之欢悦快意……

——三毛《不负我心》

回到岛上，三毛去看望了荷西。

荷西去世之后，三毛并没有离开太久，然而坟墓前的十字架却老旧了很多。她在心里轻声对荷西说："就算你已成白骨，仍是春闺梦里相思又相思的亲人。"①

① 引自《梦里花落知多少》，收录于三毛作品集《梦里花落知多少》，三毛著，哈尔滨：哈尔滨出版社，2003年版。

曾经描摹过多次的名字已经淡去了痕迹，她只好去山下买油漆和签字笔回来刷墓碑。

当地有一种殡葬习俗，暂时埋葬的逝者的尸骸，五年之后要转移。三毛从山下回来的时候，遇到一位孤单的女人正在为亡夫移骨，那份感同身受的悲哀再次撕开三毛内心的伤处，还未结疤的伤口再次汩汩地涌出鲜血。

荷西的坟墓就在眼前，可三毛每一步竟然走得那样艰难。三毛不敢想象，五年后同样的景象也要在自己与荷西身上重演。那一刻到来时，又要如何面对？三毛静坐了许久，等那阵电击般的疼痛过去，眼泪仍流不出来，碎了的心依然麻木。

阳光下，身着彩衣的女人，面孔苍白，手握黑色签字笔在花丛间一遍一遍描摹着丈夫的名字。这支笔曾经为她带来声名、财富、希望、拥趸，如今却只用来诉说对丈夫的思念。等字迹干透，三毛又拿起小刷子，一层又一层地在十字架上涂抹亮光漆。

在她的心里，丈夫还是活着的。海边午后的微风中，他总是奔跑着，回到家里拥抱她，手里握着鲜花或贝壳、卵石、海鱼。

她忍不住对荷西说：十字架在你的墓前，也在我的肩上。荷西，你的妻子很累，很想念你，你知道吗？

如今，这世界只剩她一个人了，她只能独自走走停停，寻寻觅觅。

接到金钟奖颁奖会邀请的时候，她原本并不打算回去，但是电话打到父母家里，脱口而出的却是思念之情。漂泊在外十四年，每次回台或离开都是带着悲恸，谁能不情怯？

1981年，三毛又回到了台湾。

起初，三毛并不适应在台湾久留的生活。“怕出门被人指指点点，怕眼睛被人潮堵住，怕电话一天四十几个，怕报社转来的大批信件，更怕听‘三毛’这个陌生的名字，这些事总使我莫名其妙地觉着悲凉”[①]。

她是“陈平”，又不全然是“陈平”；她是“三毛”，又不全然是“三毛”，在台湾，很少有人叫起她的外文名字，但是她的整个灵魂借由写作，赤裸裸地摆在世人眼前。

无论过去多久，三毛都不适应人群。“这儿的太阳、空气、水、气候、交通、父母、家庭、社会和我已经支持不住的胃与算计……都要再度琢磨”[②]。讲座也好，访谈也好，饭局也罢，她不喜欢在红尘里打转，可是红尘偏要在她左右翻腾。

---

① 引自《周末》，收录于三毛作品集《背影》，三毛著，哈尔滨：哈尔滨出版社，2003年版。

② 引自《不觉碧山暮 但闻万壑松》，收录于三毛作品集《送你一匹马》，三毛著，哈尔滨：哈尔滨出版社，2003年版。

三毛只好关上了通往外界的所有渠道，拿起针线，拆掉新裙子，再密密麻麻地缝起来。

手工是打开回忆的一扇窗，远方那失去了男主人的家里，或许也不再需要女主人的巧手。三毛悄然流泪，假装活得热闹。其实，寂寞是不会有的，关怀也不是必需的。三毛安静地享受周末的孤独，做做针线、读读书或者想象祖辈的生活。热闹是外面的，宁静是内心的。

三毛讲话的速度是缓慢、温柔的，她似乎总是小心翼翼地与人交流。但是她一旦哭起来，便惹人心痛，哪怕只是小声抽泣，都能引得闻者心酸。她尽可能活得简单，因为简单才是最质朴的。她说，要避开过分热络的情谊，这样就不必负担承诺的压力。她努力不去缅怀往事，往者不可谏的道理，她比谁都清楚。她用心也有分寸地去爱人，以免盛情泛滥惹人嫌。哭是自然而然，笑也是自然而然。

她偶尔还会看看画册，想起小时候只有玩闹的孩子散去才去捡起来看的画，画的作者是她的老师顾福生，她一生的恩人。

9月，她再次来到那座宅邸，与顾福生见面，相视而笑，无需多言。之后，三毛曾飞往西班牙和欧洲看望朋友和荷西的亲人，但很快，她再次回到故乡。

在台北的生活非常忙碌，除了各种应酬，还要与旧时好友聚会，陈若曦、琼瑶、白先勇……这些人在她生命里都是不可或缺的重要存在。

这次从台湾出发，历时半年多的旅行，让三毛的足迹延伸得更远，也令她的心灵堡垒更加坚固。三毛的文字开始褪去了青涩，愈加清澈质朴，也更为动人。

在这次旅行中，她带着米夏走过墨西哥、洪都拉斯、哥斯达黎加、巴拿马、哥伦比亚、厄瓜多尔、秘鲁、玻利维亚、智利……

中南美洲旅行的第一站便是墨西哥首都墨西哥城。这里有她曾经的男友、如今的朋友，德国人约根。

得知三毛即将到来，约根提前到机场迎接。在三毛看来，这已经是这年的第四次见面，对于不想继续发展爱情的人来说，真的有些频繁了。

相识十四年，彼此已足够了解，但不知为什么，这个德国人依旧像当初一样霸道地规划着三毛的一切。三毛原本想要住在旅馆，但约根没有理会三毛早先从台北打来的两次长途电话的要求，而是自作主张安排三毛乘坐他那辆全新的豪华轿车，开往他刚刚置办了半年的官邸。

米夏不懂三毛为什么要给约根脸色看，约根的房子美丽、雅致、高贵，仿佛一座庄严的博物馆。盆栽多得像森林，大厅气氛古雅、华美得让人惊叹，屋里的陈设和收藏品无不精致昂贵。米夏不由得感叹，仿佛来到了皇宫。三毛对此非常无奈，她多想住在纯粹自由的空间里。

三毛作为约根的“收藏”之一，再一次成为他的朋友们围观的对象。按照常理来说，这些人看上去有文化又友爱，是上流社会的高雅分子，但三毛只能以礼貌为原则，耐心听了又听那些老掉牙的苍白介绍。

旅行的意义是什么？三毛本想感受生命的活跃，了解墨西哥的衣食住行，在街头巷尾体味风俗人情。但是眼前能够得到的只有书籍上那些死板的文字。米夏对于约根如此隆重的款待感到兴奋不已，但三毛却体味到了苍凉和孤单。

约根不愿让三毛独自出行，不愿她去坐拥挤的公车，不让她喝外面的水，不让她去吃街上出售的剥好的水果，哪怕是消费额低于50美金的餐馆，他也觉得会吃坏肚子，更不用提在路上跟异性讲话。

三毛不解：那我来墨西哥是要做什么呢？

三毛去看博物馆，约根“规定”她，早晨去买双精致的高跟鞋，一起参加宴会，桌上那六张请帖，张张都有你的名字。三毛感到深深的恐惧、无奈与迷茫，原本以为早已经远离的外交家太太的生活，再一次将她紧紧地束缚住。这就是我要的吗？这是我此行的目的吗？不，这不是。

在三毛眼中，华丽狂乱的酒宴，仿佛一只巨大的爬虫——墨西哥特有的那种大蜥蜴，带着腥臭的味道向她扑来。人们是疯癫的，音乐是聒噪的。夜，本身应该宁静肃穆，却这样令人惆怅。

东隅桑榆

我以前，总将人性的光辉，视为人对于大苦难无尽的忍耐和牺牲，而今，在欢乐里，我一样的看见了人性另一面动人而瑰丽的色彩，为什么无休无尽的工作才被叫作“有意义”，难道适时的休闲和享乐不是人生另外极重要的一面吗？

——三毛《逍遥七岛游》

三毛终于搬出了约根的家，住到了一家中级旅馆。在人们厌弃的穷人中间，三毛却发现了艺术的美，虽然这极具讽刺意味。

在一座博物馆里，三毛看到了自杀神。世上无论哪一种宗教都不允许人自杀，只有在墨西哥发现了这么一个连书上都没有提起的神，着实有趣。

三毛品尝着街头巷尾的小吃，感受着当地的市井文化，穿梭在城镇弯弯曲曲的街道，仔细观察在教堂广场上做弥撒的人，那些贫穷、可怜的面孔，那些扭曲的故事，对比约根的隆重招待，一再让三毛感受到人间的不平。

到了洪都拉斯，三毛更加感受到平民生活的艰难。三毛认为，这个国家的人似乎受着非常不平等的待遇。街上的餐馆价格昂贵得令人吃惊，沿途却都是乞讨的人。这里的卫生条件很差，各种肤色的居民都混住在一起。或许是对幸福怀着极度的渴盼，连巴士都取名为“青鸟”。

整个城镇都在拼命地吵闹。村庄里家徒四壁的住户门口竟然挂着“神就是爱”这几个字，读来令人心酸。但三毛仍旧说，洪都拉斯是一个“景色壮丽，人民有礼，安静而有希望”① 的国家，对她来说，所行亦不过是穷乡僻壤，不能全部概括这个国家。

在原本的规划中，三毛将她与米夏的关系比作堂吉诃德与桑丘。她本来要做一个甩手掌柜，没想到，一路上语言不通、自由行走能力不够的米夏反倒成了高坐骏马的堂吉诃德，而她却成了勤恳办事

① 引自《青鸟不到的地方》，收录于三毛作品集《万水千山走遍》，三毛著，哈尔滨：哈尔滨出版社，2003年版。

的仆人。

一路走来，三毛反而没什么时间专心致志地写下沿途的感受。三毛感到好笑，于是抓紧时间为米夏布置了工作，殊不知惹出了更多笑话。

哥斯达黎加，号称“中美洲的瑞士”，在三毛看来，这里也可以被称作“中美洲的花园”。在这里，三毛受到好友妹妹一家的款待，见识到了谈吐迷人的农夫，深切体验到土地对于人类的意义。

首都圣荷西的中国餐馆非常多，价格非常低廉，生意却并不兴旺。三毛在这里认识了宁波老乡，品尝到传统的中国美食。同胞的热情让她一再感慨中华民族血脉的伟大与坚韧。

在巴拿马，三毛与表妹一家团聚。等真正体会到亲情时，三毛才发觉原来旅途是如此孤单。表妹的变化很大，性情已然掺杂了拉丁美洲文化，变得开放坦率，从不拐弯抹角，也不会特别小心翼翼地去安慰失去丈夫的三毛。可亲可爱的同胞情，给三毛留下了深刻的印象。临别前，面对依依不舍的亲人，三毛流下的眼泪都是“爱的负荷”。

短暂的停留之后，三毛再次踏上了旅途。一路走，一路看，一路记录，收集各种各样的杂物、书籍。三毛将部分行李寄存在了表妹那里，重要的东西则随身携带。在关于哥伦比亚的介绍中，参考书直截了当地说，这是“强盗国家”。三毛提前做好了准备，未料想刚下飞机便被计程车司机多要了车费。住了两天的旅馆，价格竟然也上涨了。

在这个国家停留得越久，越深刻感到强盗般的民风。

米夏则更紧张，睡觉的时候锁了房间，还要用椅子抵着门。每次三毛去敲门，总是问了又问，他才打开。三毛在街上吃小摊子的食物，还被要求提前付账，摊主无奈地表示，只不过担心食客拿了食物就跑掉。原本喜欢夜行的三毛，这次也终于小心谨慎起来。这个城市不按照常理出牌，甚至连警察都像强盗，米夏被莫名其妙地抓了两回，又放了回来。离开的时候，三毛发现行李都被打开，很多零碎的东西都消失不见，想必这是机场工作人员留下的临别纪念吧。

哥伦比亚是一个非常特殊的国家，在这里，南美洲的天主教与早期的巫术文化掺杂在一起，许多神迹反而让人感到可怖。然而，当三毛将这些经历发表后，却引来无数争议，对于哥伦比亚的公民来说，这些都是不公平的评价。可对三毛这个旅行者来说，这是她亲身的经历与感触。不过，出于礼貌，三毛还是特地回信给向她提出意见的神父表示歉意。

三毛感受了印第安风情之后，认为印第安人是世上最美的人种，并且在内心深处觉得自己就是南美印第安女子的转世。她虚构了一个药师的孙女，叫“哈娃”，在情感上度过了短暂而丰富的一生。这与三毛体内的传统中国女子的灵魂并不相悖。她们一样热情、勇于奉献、向往自由、崇尚纯洁热烈的感情。或许传统古老的民族文化都有这样的根基，无论身处哪个国度，无论在地球上哪片大陆，都不乏这样平凡而伟大的女性。

在厄瓜多尔的小岛上，三毛感受到了熟悉的乡愁。她自称哈娃，很快融入了当地的生活，与村民们一起吃饭、劳作，望着雪山与湖泊发呆。离开前，印第安朋友为她梳头，这一幕被突然到来的米夏拍了下来。

现代文明的突然出现，惊住了当地人。三毛被戳穿身份，只好仓皇离开。

印加帝国早先的都城、高原上的城市、秘鲁古城古斯都是三毛一定要探访的地点。海拔 3500 米的古城被草原围绕着，显得气派非凡。建筑由印加的石基叠建，是西班牙殖民时代遗留下的产物。文化的交杂产生了一种奇特的美。

三毛与米夏抵达的时候正值雨季，交通不便，客人滞留在这里，找到一家旅馆安身难上加难。高原反应让三毛头痛欲裂，呼吸急促，被米夏喂了一杯古柯茶之后睡了过去。第二天醒来，三毛又是一个活泼可爱的旅人。旅行开始之前，三毛总会做好功课，了解当地的历史。这里有着古老的文化，同时也被游客不断带来的新文明冲击着。与游人们的交流，让三毛对前世今生之说更加笃定。

大雨并没有阻碍三毛游览的脚步，即便举步维艰，三毛仍旧能从中找到灵感。空空荡荡的剧场，没有什么人看演出，但三毛尽了观众最大的责任，极尽所能地给予表演者掌声与赞美。在三毛的评价里，这些艺人是骄傲的，他们展示的是艺术，收获的是赞美。

为了表达感激，团长为她一个人演奏了一首尚未定下标题的作品。三毛感动不已，她所能交换的只是金钱和赞叹，而对方却将这一首艺术作品的生命完整地交付给她，这是三毛无法回报的深情厚谊。

连日大雨导致铁路被毁，三毛与米夏只好在一片混乱中逃离。劳苦的奔波终于让三毛病倒，米夏为她感到遗憾，但照片还是要拍的，只好自己登上飞机，观赏那片布满几何图案的沙漠。

在玻利维亚，三毛感受到巫术的神秘与当地人“最真挚的爱和慷慨”，有宾至如归的喜悦；在智利，她感受到的是几乎完全现代化的文化氛围，失去了原始风采的国度让三毛略感失望；在阿根廷，三毛在一家牧场上策马狂奔，在马背上体验风的速度，这位迷人的东方女子险些被留下来做女主人……

三毛热爱旅行，喜欢在旅途的感觉，但她爱看的不是那些风景，而是风景中的人，是风景与人之间交会出的情。

在米夏看来，三毛真的容易让人“大吃一惊”。她知识丰富，看书虽然杂，但是过目不忘。不仅如此，无论吃过什么、在哪里吃、与谁一起、价钱多少，她都能记得，甚至没有忘记十几年前住在芝加哥时香肠的售价，并且会与其他城市的价钱相比较。

在整个旅行过程中，米夏总觉得自己是个“笨瓜”，而三毛则像老师一样耐心地教导他。三毛不断地重复着那句话：“亲自看一看，亲自看一看，亲自看一看……”[①]

她那样体弱多病，却又那样坚强，总是在说：“我们一定要到那里。”

没有什么能够阻挡她抵达目的地。

米夏非常崇拜三毛，他说：“三毛的聪明活泼会透过语言发散出来，让人如沐春风。”[②]任何人如果跟她聊过五分钟，一定对她念念不忘。因为当她讲起话来，就像是“玫瑰在吐露芬芳”[③]。

---

① 引自米夏《飞越纳斯加之线》，收录于三毛作品集《万水千山走遍》，三毛著，哈尔滨：哈尔滨出版社，2003年版。

② 引自米夏《飞越纳斯加之线》，收录于三毛作品集《万水千山走遍》，三毛著，哈尔滨：哈尔滨出版社，2003年版。

③ 引自米夏《飞越纳斯加之线》，收录于三毛作品集《万水千山走遍》，三毛著，哈尔滨：哈尔滨出版社，2003年版。

Chapter 05

生命是辗转的轮回

人生中，得到自己喜欢的东西应该算得上重要的事，虽然应该有度，可是贪得无厌的人不胜枚举。而快乐的法则也是很简单的，如果得到了太多，背负的就会更多，适当地放下、割舍，也是通向幸福的阳光大道。

你有没有听说

我只是做了一个种树的农夫，两百棵幼苗交在我的田里，我不敢离开它们。世上的事情，只要肯用心去学，没有一件是太晚的。我正在修葺自己，在学做一个好农夫。

——三毛《不觉碧山暮 但闻万壑松》

旅行归来的三毛并没有停止工作。

1982年，张其昀先生再次发出邀请，希望三毛能够在文化大学中文系任教，将她的写作经验分享给学生。这次教书与之前的助教工作完全不同，课程内容由三毛自己来制定，课堂讲授也由她主导。三毛非常热爱这份工作，被学生需要和爱戴，让她有更坚强的意志积累生存的能量。

三毛是一位有趣的老师，加之其知名作家的光环，吸引了很多学生来旁听。教室拥挤不堪，学生水平参差不齐，但是“责任”这两个字再次压在三毛的心头，“肩上，担着从来没有的责任和使命。而且，这是当仁不让的”。她每天要批改习作、备课到深夜，连母亲都称她为“纸人”。

自古文无第一，教学也是一样。孔老夫子“有教无类”的教诲，师长言传身教的“蜡炬成灰”理念，是三毛做老师的基础：

> 一堂精彩的课，不可能是枯燥的，如果老师付出了这份认真，堂上便有等着滋润的幼苗和沃土。洒下去自己的心血吧，一个好农夫，当田就在你面前的时候，你不能再去做梦。①

三毛把自己当作农夫——或许这也是中南美洲在她的心里留下的烙印。播种是必须要做的事情，然而收获却由心证。三毛从不给出所谓的标准答案，也并不苛求孩子们必须以何为写作参考。在她眼里，写作是自然而然的事情，读书是提升自我的阶梯，她希望这

① 引自《野火烧不尽》，收录于三毛作品集《送你一匹马》，三毛著，哈尔滨：哈尔滨出版社，2003年版。

些求知若渴的孩子能够寻到自己的路。

座谈、采访、饭局……作为名人，总有说不出的苦衷。但三毛初心不改，她仍旧是那个执着顽固的休学女孩，仍旧是那个渴望离群索居、专注于内心世界的文艺少女，仍旧是那个身处尘世却需要很多时间与自己相处的人。

“我不戴表，可是我知道已是什么时刻。”[①] 她第一次言辞激烈地公开发表文章，将自己对社交的看法表露于世人面前。

教书也好，演讲也罢，总是教化人的，无论是对她自己而言，还是对学生和听众来说，都比虚情假意的你来我往更有意义。真正的朋友不会因为会面次数的减少而减损感情，无声的记挂远比不停嘶吼的电话铃声更令人感动。

三毛并不害怕说出实话，也不担心会得罪人。外柔内刚，一向是她的本色。母亲劝她不要讲出来，可她偏不，“当沉默的大众，不再是大多数，而是全部的时候，我们这一群平凡的人，到哪里去听真理的回音？”

从批改的学生作业上能够看出，三毛真是字字细读，恨不得把每个学生都叫到眼前，给他们抽丝剥茧地讲解、引导。从文字上看，

① 引自《野火烧不尽》，收录于三毛作品集《送你一匹马》，三毛著，哈尔滨：哈尔滨出版社，2003年版。

她是感性的，浪漫得不真实；可是在批语中，又能清晰地看出她逻辑严密，处事公正。三毛自己本身就是挖不尽的宝藏，但她坚持阅读，一定要再三储备，才敢站在讲台上与学生对话。

即便身为教授者，三毛的谦逊之心依然不改。下课时，她都会微微欠身，感谢学生们的聆听。学生期待她的到来，讲故事也好，说道理也罢，她都是有趣的、吸引人的。她对文学作品的解读和分析角度，颇有独到之处。

她的学生说，“老师教我们观察世上的景相，使我们知道不要轻视任何一个生命，包括印在白纸黑字上的‘孝敬父母’，尊师重道都有它行为上的意义”，再如“这两本书（《红楼梦》与《水浒传》），在她的引介下，薪火传了下去，我们也狂爱了。她讲的何止是语言文字的美，简直是活活的心理分析，又是艺术的极致”，“听陈老师讲课是一种启发和享受，带入生活中的情感都是人生的喜乐与辛酸，所有的教材都是取自人，凡是人的行为、思想、关系、语言、文字都是学问”。[1]

如果三毛对古典名著的批注能够出版，又将会是怎样令人震惊？陈嗣庆也曾说，女儿对这些传统文学作品的解读是有深度的，

① 引自子菁《陈老师》，收录于三毛作品集《送你一匹马》，三毛著，哈尔滨：哈尔滨出版社，2003年版。

只可惜她坚持用最质朴浅显的文字来表达，为了更容易被读者接受，甚至会按照孩子的意见修改。

教书的过程中，三毛有时也会住在阳明山的校舍。无论周围的气氛多么热烈，她仍旧要给自己留下绝对独处的时间。她在门上留言：“我喜欢跟朋友先约定时间再见面。如果您突然好意上山来看我，而我恰好也在家，很可能因为正在工作，而不开门，请您原谅。请不要敲门，除非我们已经约好，谢谢。”

她的勤奋和冥想不允许被打扰，于是礼貌地拒人于千里之外。

同时，尽管出版了旅行笔记《万水千山走遍》，但台湾全岛各地的演讲邀约纷至沓来，仅仅为讲述中南美洲旅行的故事与感悟，她就要准备很多资料。她没有照本宣科地讲述美洲发展史、历史变迁与文化的关系、风俗人情的特点，而是把自己当作地图，生动地展示出不同文化的相似相容之处，她看上去就好像是来自这些地方的导游与土著。

她滔滔不绝地介绍着别人旅行时不会去了解的事情——当地的公共厕所是什么样子，他们的书店有什么，菜市场都在卖什么菜……也再次重申，“我不喜欢的事情是——不喜欢做三毛。我穿着这身工装裤，中国人一看就知道是三毛，就会在街上追我，中国人就会把我捉住”[①]。

在高朋满座的喧嚣里，三毛从未隐晦地表达她的爱。她那样赤诚地将自己的爱恨展示给世人看，她说不愿意做两头都在燃烧的蜡烛。生命的能量太有限，情深之人多不寿。三毛回到台湾定居，相当大的一部分原因是为了更多地陪伴年迈的父母，可是太多工作和应酬让她无力实现心愿。

当时三毛的工作强度之大，正如其母亲所说，“除了在文化大学中文系文艺组教书，每月有三个固定专栏要写，兴趣来时自己又要再写七八千字，然后每个月看完五十本书以上，剩下的时间，有排不完的演讲和访问，几乎每天都要到清晨七点半才能入睡，早上十一点多又要起床开始另一天的忙碌”，是的，“她的日子很艰难”[②]。

如果只是身体的疲惫也就罢了，但让三毛真正感到疲惫的是自己的劳动成果不被珍惜。专栏在写，可是有多少人是真的要去品读其中深意？实际上仅仅是想窥伺三毛的内心世界。学生在教，可是有多少人

① 引自《我不喜欢的事》（《远方的故事——中南美纪行演讲实录》），收录于三毛作品集《高原的百合花》，三毛著，丘彦明记录，哈尔滨：哈尔滨出版社，2003年版。

② 引自缪进兰《我的女儿，大家的三毛》，收录于三毛作品集《送你一匹马》，三毛著，哈尔滨：哈尔滨出版社，2003年版。

真能受教，不辜负她的一片赤诚？演讲在做，可是有多少人是真的想要听她分享故事，而不是好奇这个在沙漠打滚的女人是什么模样？访谈在做，可是有多少人不是抱着私心和利用的目的听她的故事？

如果能如三毛所言，读过、看过、听过她的文字之后，“心里看见的不再是三毛，而是自己和中国，自己和人类，自己和爱的付出”[①]，倒也真算得上居功至伟，只怕这样的人少之又少，能回馈她的只是徒劳和遗憾。

值得一提的是，据说三毛在一次听众多达数千的演讲会上，唱起了《义勇军进行曲》。她一向主张同胞爱、同根同源，这在台湾当时诡变的政治环境中，显得尤为可贵。来自祖国大陆的消息被严密封锁，许多人莫名获罪，但三毛似乎并未受到影响，这或许与当时台湾的怀柔政策有关。

随着环岛演讲和家人陪伴的出游，三毛发现这片故土竟然如此美丽，这里的乡亲是这样温暖。她在台北买下一幢小屋，精心布置成自己理想的“家”的样子。钱是不够的，她大部分的收入都献给了慈善事业，荷西留给她的积蓄则是分不到的遗产和变现艰难的不

① 引自《爱的诠释》（《远方的故事——中南美纪行演讲实录》），收录于三毛作品集《高原的百合花》，三毛著，丘彦明记录，哈尔滨：哈尔滨出版社，2003年版。

动产，如今她哀求父母给她支持，陈嗣庆怎么舍得不答应呢？女儿终于又爱上了人间，他巴不得她安定下来。

三毛让这个家变成了“木屋”，原本四个人住的房子，如今改成了独居寓所，预留给朋友拜访时的空间舒适而温馨，留给自己的是中国风味浓厚的夜灯。

搬进去之后，她用心地布置起来，来自世界各地的收藏品和小物件丰富着三毛的世界。印度的绣巾挂在墙上，彩布躺在桌上，“苏俄木娃娃站在大书前，以色列的铜雀、埃及的银盘、沙漠的石雕、法国的宝瓶、摩洛哥的镜子、南美的大地之母、泰国的裸女、意大利的瓷做小丑、阿拉伯的神灯、中国的木鱼、瑞典的水晶、巴西的羊皮、瑞士的牛铃、阿尔及利亚的鼓……”

荷西的照片在床头，合影在书桌旁的右墙，所有东西都在它们各自应在的位置。

这是三毛的安身之所，也是她与荷西的新家。

母亲并不放心三毛独居，尽管她在外漂泊多年，却是她永远的孩子。父亲也是一样，他甚至无奈而愤怒地“控诉”女儿的写作状态，那是一种疯魔，似乎要超脱于人世的“六亲不认”。当三毛意识到这一点，她出乎意料地许下承诺：“明年夏天，我去西班牙，把那边完全结束，永远回来了好吗？”

总要寻一个出处

在我来说，旅行真正的快乐不在于目的地，而在于它的过程。遇见不同的人，遭遇到奇奇怪怪的事，克服种种的困难，听听不同的语言，在我都是很大的快乐。虽说一沙一世界，一花一天堂；更何况世界不止是一沙一花，世界是多少多少奇妙的现象累积起来的。我看，我听，我的阅历就更丰富了。

——三毛《赴欧旅途见闻录》

实际上，回到台湾的这几年，三毛过得很辛苦。除了繁重的工作之外，三毛精神方面的问题也很大。屡遭情伤的她还没有完全走出荷西去世带来的阴影。甚至为了与荷西的灵魂沟通，她经常参与一些探索灵界的活动，在多重因素的影响下，身体很快不堪重负。

1984年春天，三毛前往美国，进行了一次手术。从这以后，三毛的身体状况急转直下，她不得不告别讲台，与“农夫”生涯作别。但是三毛并没有全心全意地休养身体，而是将更多的时间投入写作。

起初，她与父母同住，但很快就搬了出去，住在父母名下的一栋小公寓里。原本在大加纳利岛上养成的饮食习惯——一日一餐就不利于健康，当她沉浸于写作的时候，更是变本加厉。三毛自己不做饭，也不出门，如果母亲不来给她送饭，她恐怕早就离开人世了。但是这并不代表三毛会乖乖打开房门，吃下母亲送来的食物，放在门口的饭盒可以几天都原封不动，吓得母亲用力拍门，差点哭出声来。

三毛原本计划写一本书，因为时间充裕，便同时进行三本的创作。这时，好友丁松青神父的十二万字稿件也到了，需要她翻译出来。也是在这个时候，她还答应了唱片公司的邀约，要写一整张唱片的歌词——这并不简单，因为这将意味着她要开启人生中从未有过的退稿征程。

这还不算，那栋喜欢的房子也是此时购入的，从朋友手中接过来，要重新整修、装饰，样样事情都亲力亲为的三毛完全依靠灵魂的满足来支撑着身体不倒。无论多么热爱这些工作，三毛都在过度燃烧生命，这是不争的现实。

然而，命运怎会给她喘息的机会？著名学者、东海大学文学系教授江举谦的妻子、三毛的好友杨淑惠的癌症到了晚期，住进了台大医院。三毛开始频繁出现在病床前，内心简直比病人自己还痛苦。不过几日，三毛的母亲也被查出患有癌症，住进荣总医院。三毛的神经终于绷断，可她还机械地忙碌不休：写书、翻译文稿、修改歌词、装修房子、看望挣扎在死亡边缘的好友、照顾部分身体器官被切除的母亲……

三毛已经很久没有良好的睡眠了。起初，她通过放弃仅有的每日四小时的睡眠时间来进行阅读，通过读书舒缓压力。可是不行，“近三个月完全没有睡眠”的后果是开车差点出事故。三毛把手里的书放下，把方向盘交给别人，但她没有停止写作。失眠像魔鬼一样缠着她，可她没有办法挣扎，安眠药从一颗加到七颗，有一晚竟然吞掉了十颗还没能入睡。

她开始变得精神恍惚，视线不清，头晕目眩，找不到家。她像一缕在街头飘荡的幽魂，漫无目的。所幸她最后记起了新房子的地址，坚持到天亮，打电话给丁神父寻求帮助。

那段日子，许多朋友接到三毛深夜打来的电话，拜托他们做一些事情，然而委托人三毛自己却全然不知；房间里多了植物，少了生机，但她仍旧毫无记忆；幻听让三毛内心生出诸多恐惧，她时而清醒，时而混乱。三毛不敢把这些事告诉父亲，只说工作太忙，暂不回家。

最后，三毛终于住进医院，开始对严重的神经衰弱进行治疗。出院后，她立即去海外疗养。

回想起来，整整六个月几乎没有正常睡眠，她形容自己是“一具行尸”①，过分用脑让三毛找不到家在哪里，这比任何事情都让她感到恐慌。

家，对浪子而言，是多么神圣的存在，那是起点，也是终点。

入境时，美国移民局的工作人员问她：你为什么来美国？三毛的答案，是“等待华盛顿州的春天”。

起初，在西雅图疗养的时光，三毛靠着看电视打发。可是这样的日子实在无聊，她走出门去，到处都是陌生人，没有故事，也没有踏实的存在感。

三毛耐不住了，于是找了一所学校上英语课。实际上，她的英文水平已然可以自如沟通，实在不必去读这种语言班，但她真的寂寞太久，很需要与人说话，又不想重蹈覆辙、太过劳累。

---

① 引自《我要回家》，收录于三毛作品集《闹学记》，三毛著，哈尔滨：哈尔滨出版社，2003年版。

这个班级里，大家学着学着便聊起天来，有人认出她是知名作家，但同学们似乎更在乎她为什么要抱着一只羊合影。课程内容非常随机，似乎并不着急赶什么教学进度，老师也不要学习成果。哪一个文法知识不懂，从老师到同学都来帮忙，在明令禁止进食的教室吃蛋糕和糖果，有时候一节课就是读书或看漫画、讨论新鲜话题……当同学们读起结局悲伤的小说，悲观的三毛反而成了大家的开心果，她把故事的结尾改得幸福有趣，同学们课后告别时都带着微笑。

这就是三毛喜欢的课堂。她很快与同学们成为朋友，班上的女孩子大都来自世界各地，寥寥无几的男生反倒显得羞涩起来。国籍相同、语言互通的人不愿讲英文来实践，三毛真正能与之聊起深度话题的只有老师。

中国新年很快到来，三毛与同样来自台湾的月凤做了一次演讲，介绍了传统文化和习俗，十二生肖的相生相克引发热议。从这次活动中，三毛再次深深感受到民族文明的伟大之处。多年前的求学经验，让三毛对美国的印象始终不太美好。但是这次“闹学”的过程，却使她对这个国家和人民的态度大为改观。

“那教室，像极了一座流动的旋转马。每一个人骑在一匹响着音乐的马上，高高低低地旋转不停。我快乐得要疯了过去。”[①]短暂的冬季学习班就要过去，三毛从中获得了巨大的满足感，在西雅图休养的这个冬天不虚此行，来自中国大陆的同学陪她哭过民族的痛，大胡子的男老师给过她绚烂的樱花雨，寄到台湾的家信也得到最新的美丽邮票——春天是真的等来了。

即将启程返回故乡的三毛并不知道，她的名字早就远播海内外，借由文化界名人的口头笔端，在阔别多年的祖国大陆，掀起了一场捧读三毛沙漠文学的热潮。

早在1981年，《广州文艺》就刊登了三毛的散文《爱的寻求》，后来选编了三毛作品的何慰慈，评价三毛是“台湾和香港最有名气的作家之一”。自此以后，三毛的作品开始逐渐见诸大陆报刊文摘。

1983年，由张默芸选编的《三毛作品选》面世，这是中国大陆第一部三毛作品选集。大陆文坛正值伤痕文学风潮末期，许多读者开始关注这位特立独行的作家，她那自由女侠一样闯荡世界的故事打开了人们见识世界的另一扇窗。

① 引自《如果教室像游乐场》，收录于三毛作品集《闹学记》，三毛著，哈尔滨：哈尔滨出版社，2003年版。

1985年初，在新加坡举办的第二届“国际华文文艺营”和“新加坡华文文艺金狮文学奖大会”邀请三毛出席。这次狮城盛会可谓意义重大，不仅邀请了华文界许多重量级作家，更初步建立起两岸作家的沟通桥梁，台湾参会者包括担任评委的余光中、痖弦、三毛等。

新加坡之行，三毛结识了来自大陆的作家秦牧、萧乾、姚雪垠等人。她热情诚恳又温柔谦逊。她给秦牧递纸条，上面写着“听君一席话，胜读十年书”，这一举动尚且引发了记者关注，更不必说与姚雪垠在闭幕宴会上的恳谈。姚雪垠回忆，三毛当时叙说了对大陆的思念之情，并且流下热泪。

姚雪垠一生很少赠人墨宝，那次特意改动了王勃的诗句，在宣纸信笺上写下“海外存知己，天涯若比邻”相送，又题了一首他的旧作：“浪漫精神是耶非，梦乘彩笔九霄飞。云霞绮丽复奇伟，随意采来补我衣。”

三毛则留下告别的诗句，并写道：“比邻同胞，血胜于水。”[①]

从此，随着大陆文人在文章、采访与谈话中越来越多地提及“三毛”这个名字，三毛与大陆的距离越来越近。

---

① 引自《比邻同胞，血浓于水——记姚雪垠和台湾女作家三毛的一段情谊》，新华社记者范丽青报道，1985年1月21日。

潇潇雨歇，云崖未暖

而风吹得那么不疾不徐，我奔跑在清晨的沙地上，看那些不知写着什么事情的信纸，如同海鸥一样的越飞越远，终于在晨曦里失去了踪迹。我迎着朝阳站在大海的面前，对自己说：如果时光不能倒流，就让这一切，随风而去吧。

——三毛《随风而去》

回到台湾不久，三毛再次返回大加纳利岛。这次回去，她是要告别过去。

她没有忘记自己对母亲的承诺。新购入的房子给她带来很大的经济压力，之前依靠写作、教学和演讲获得的收入大部分都捐出去了。父母、姐弟、朋友都对三毛的这一决定深表赞许，没有什么比施予更有价值，也没有什么比无欲更轻松。

不动产的价值在于使用率，可三毛已经下定决心，余生留在父母身边，所以大加纳利岛的房子需要处理掉。

做出这个决定是很艰难的，那里是三毛与荷西的家，只要站在院子里、阳台上、门前，仿佛就能感受到丈夫的气息。

荷西在世时，他们的婚姻生活也不是两个人绑定在一起。三毛在任何时候都需要独处的时间，晚饭后一个人的散步被荷西戏称为“旅行”。但夜晚的海滨实在静得吓人，她便要求荷西每隔二十分钟或半小时出现在阳台上一下，那样，无论她走了多远，仿佛都有一座灯塔指引着她的归航。

她并不觉得寂寞，虽然时常惦念丈夫——刚搬来这里的时候，荷西仍然做着沙漠那边的工作，假期才能团聚。“我有自己的世界要忙，不会太寂寞的。”[①] 三毛这样说着，她打定主意，不再与邻居们往来，一定要守住自己原则，不能总是替别人操心。

可是，善良如三毛根本做不到这点。她自嘲“运气不好”，开车出去会“捡到”老人，在家种菜也会遇到邻居的老人。这也是非

---

① 引自《这样的人生》，收录于三毛作品集《稻草人手记》，三毛著，哈尔滨：哈尔滨出版社，2003年版。

常自然的事情，海滨的这个社区原本就是侨民聚居地，来自欧洲和其他地区的老年人会选择在这里颐养天年，安享生命最后的宁静。

她本就是酒心巧克力一样的人，外表质朴，风味甜美，内里温柔，令人沉醉。每当看到老人在路上蹒跚独行或搀扶散步，三毛都会联想到自己上了年纪的父母，还有未来也会是这般模样的自己。更何况，这些老人也许都是有故事的人。

老人们的经验给了三毛很多生活上的支持，做好家庭主妇也是不容易的。三毛在这里享受陶渊明的田园快乐，同时也做着农场主的美梦。圣诞节前，三毛一定要掏出储蓄，全部花在奖券上，野心勃勃地要去南美占领一片沃土，经验丰富的老园丁邻居都被谋算在内，天涯海角也要跟着她种田养花，乳牛如何千里迢迢运到牧场，她都已经做好规划。

没有开奖的日子里，荷西连睡眠都不连贯——三毛入了魔一样，不仅白天就将想象当作现实，差点订购铲土机，连睡觉的时候也翻来覆去地惦记着农场的建设。

她把这当作明天就会发生的一切，满心欢喜地雀跃着，做着阖家团圆的美梦：台湾的家人和荷西西班牙的兄弟们都在内，“弟弟们不要做事了，去学学空手道，这两家人全部移民巴拉圭，农场要人帮忙，要人保护。十支火枪，两个中国功夫巡夜；姐姐喂鸡，妈妈们做饭，爸爸们管账兼管我们……”

她把这当作一场家家酒的游戏，不能缺少任何一个角色。

房屋建设和土地规划也是有着完整蓝图的：“房子在小坡上，一排都是木造的，好几十间。牛房猪舍在下风的地方，鸡隔开来养，怕鸡瘟”，“仓库四周不种东西，光光的一片，怕失火烧了麦子”，“这几十公顷是种玉米，那边是大豆，牧草种在近牛栏的地方，水道四通八达，小水坝拦在河的上游，果树在房子后面，地道通到农场外面森林里，狗夜间放出来跟她弟弟们巡夜，蔬菜是不卖的，只种自己要吃的，马厩夜间也要人去睡，羊群倒是不必守，有牧羊犬”。

这种对家庭生活的幻想，不仅仅是三毛一个人的，荷西也被感染了，开始憧憬起来，连朋友们都受了影响，感觉人生充满希望。但大加纳利岛上的邻居以老年人居多，生老病死是常事，三毛对人世轮回唏嘘不已，也沾染上悲凉的心境。可是老人们却总是乐呵呵地、充满朝气地活着，散步也好，黄昏恋也罢，不时举办的音乐会也好，这一切的夕阳灿烂，让三毛重新思考人生。

荷西在世时，他们一起处理过邻居的丧事，也经历过社区内朋友的离世。荷西去世后，熟悉他们的人心疼三毛，经常来看望她，陪伴她。除了这些深厚情谊，与荷西有关的故事还在这座房子里鲜活地上演，大大小小的摆设来自地球上的许多地方，其中很多都与婚姻生活有关。还有她的“爱马”——白色的福特轿车，有荷西凭借向岳父撒娇才得到的摩托车，还有他们的家具……

几年没有回到大加纳利岛，物是人非也是正常。三毛离开太久，房门钥匙都不知丢在哪里。对于身心俱疲的旅人来说，或许安静才是他们最需要的东西，可是也期待与朋友相见。三毛只通知了一位朋友，没想到在机场等待她的，几乎是她与荷西遗留在岛上的全部友情。被盗贼光顾了数次的空房子，早就在邻居的辛苦修整之下恢复生机，“家，如同一个旧梦，在我眼前再现”。[①]

相比台湾的小公寓，两百五十坪[②]的花园海景房实在太空旷。三毛打开窗户，海风吹得人心震颤起来：神、荷西以及去世的干爸爸徐訏，愿你们的灵魂能够陪伴着这位饱经沧桑的孀妇，让她能够安然入睡。

三毛在报纸上刊登了广告，以低于购入价格一半的房价出售这栋房子。没有什么人可以跟她商量，这房子是她与荷西的爱巢，如今只留她独自居住，也可算是个伤心地。对着荷西的照片，三毛感觉丈夫在肯定自己的做法，“金钱的多或少”对于死去的人来说，

---

① 引自《吉屋出售》，收录于三毛作品集《闹学记》，三毛著，哈尔滨：哈尔滨出版社，2003年版。

② 坪，面积单位，1坪≈3.3平方米。

毫无意义。与其有价无市地等待，不如“找一个你喜欢的家庭，把房子贱卖给他们，早些回中国去”，如此才是正确的做法。

来来去去了几个买主，都不是称心的。既然售价不是大问题，那么买主的品格就尤为重要了。新婚不久的邮局工作人员带着妻子登门，他们没有足够的积蓄，但是他们是热爱生活的人，也喜欢这个房子。三毛主动压低了售价，还将大部分家具送给了他们。[①]

登报售房的第一天，买卖就谈成了。送走小夫妻，三毛平静地整理物品，将荷西的照片一张一张地收好，然后给母亲打去电话汇报。回到大加纳利岛的第三天，三毛此行的目的就已经达成。“我吹着口哨在黑暗的沙滩上去踏浪，想着，下一步，要丢弃的，该是什么东西和心情呢？”

人生中，得到自己喜欢的东西应该算得上重要的事，虽然应该有度，可是贪得无厌的人不胜枚举。而快乐的法则也是很简单的，如果得到了太多，背负的就会更多，适当地放下、割舍，也是通向幸福的阳光大道。

---

① 引自《吉屋出售》，收录于三毛作品集《闹学记》，三毛著，哈尔滨：哈尔滨出版社，2003年版。

父亲赞许三毛的心态，“做人嘛，这个样子才叫豁达呀！”毕竟，外物在生命面前不值一提。

台湾的朋友建议她仔细包装好多年来积攒下的工艺品和收藏品，邮寄回家乡，自己不要也可以送朋友。但三毛想，自己在海外也有很多朋友，所以，这些东西不如就都送给本身就喜欢它们的人吧！只有遇到喜爱这些东西的人，这些宝贝才能安然地流传下去。

清理荷西生前使用的潜水用具时，原本以为内心早就麻木的三毛突然揪心地难过。她让朋友把东西拿走，不愿再看到任何与丈夫相关的物件——她仍旧无法面对，伤口永远不会结痂。

海风不疾不徐，吹走回忆的思绪。朋友们沉默地接受了三毛的好意，叮嘱她有困难的时候一定要回到这里。可三毛并不愿意，一切经历都已过去，既无遗憾，也无恨意。但也不必耽于往昔，人总要继续向前，顺便带着感恩的心情缅怀前日种种，悲喜都会随风而去。

再见，加纳利群岛！她要回去了，去来处，走向那些盼望的目光，回归黑头发、黑眼睛的世界，那里有她的亲人、朋友，“有时候他们会哭，因为悲伤。有时候他们笑，但却并不一定为了快乐”……

“半生的光阴又一次如同电影一般在眼前缓缓流过，黑白片，没有声音的。看着身边一个箱子、一个背包、一个手提袋就什么也不再有了的行李，这才觉得，空空地来，空空地去。带来了许多的爱，留下了许多的爱。人生，还是公平的。”①

她再也没有回来，此行终结了她与西班牙和异域的全部缘分。

① 引自《ET回家》，收录于三毛作品集《闹学记》，三毛著，哈尔滨：哈尔滨出版社，2003年版。

海上生明月

中国这片海棠叶子，实在太大了。而我从来不喜欢在我的人生里，走马看花、行色匆匆。面对它，我犹豫了，不知道要在哪一点，着陆。终于，选择，我最不该碰触的，最柔弱的那一茎叶脉——我的故乡，我的根，去面对。

——三毛《悲欢交织路》

1987 年，台湾采取开放政策，允许台湾居民回到大陆探亲，同时接受在经济、文化等领域的交流。三毛听说这个消息非常激动。她早就与大陆文人有交往，骨子里也极为热爱华夏传统文化，对于回乡是十分期待的。能够通信之后，她首先从同乡那里得到了书法家倪竹青先生的地址，急急忙忙替父亲执笔，写下四十余年来积攒下的思念之情。

三毛的祖居位于舟山小沙镇，爷爷陈宗绪少而失学，十四岁时便勇闯上海滩，从小工做起，白手起家，靠航海经验积累了第一桶金，几经坎坷，事业有成。他曾经对三毛的父亲陈嗣庆和大伯父陈嗣业传授成功之道："第一，应有改善环境之决心与方法；第二，应有艰苦奋斗百折不挠之精神；第三，应有不畏强梁锄暴安良之勇气。"①

"位卑未敢忘忧国"②，虽然是普通百姓，但是陈宗绪始终不曾忘记自己当初为何离家闯荡。晚年，陈宗绪回乡建起祖屋（现主屋为三毛纪念室），又拿出一生积蓄，利用祖上传下的祠堂创立"定海县私立振民初级小学校"，取"振醒斯民"之意，乡村学龄儿童均可免费入学，陈嗣业与陈嗣庆也数次捐资支持办学。因而，当三毛回乡祭祖的时候，受到了乡亲热情的迎接和款待。

家风优良，是陈氏家族后辈有德的重要因素。晚年时，陈宗绪曾留下训诫："第一，应知一衣一饭来处不易，不可暴殄天物，

---

① 引自《三毛祖父陈宗绪与振民初级小学校》，发表于定海新闻网"今日定海"版块，翁源昌报道，2016年5月30日。

② 引自《病起书怀》（《陆游全集校注》），（南宋）陆游著，钱仲联、马亚中主编，杭州：浙江古籍出版社，2016年版。

浪费无度。第二，对于农工痛哭应表同情，不可存轻视之心。第三，应各就斯业，努力工作，无论家道如何，在年富力强之时，一概不得遊[①]惰，坐食不事生产。第四，在可能范围内应救济贫苦无告之人，以减轻社会之病态。第五，应谨守我国固有之道德，勿堕家声。”[②]

倪竹青年轻时因为家境的关系，曾经借住在陈家五年之久。抗战胜利之后，三毛及大伯一家迁到南京，开办律师事务所。倪竹青为人庄正，又写得一手好字，陈宗绪便介绍他到儿子那里抄写文书。倪竹青就在此时第一次见到三毛，“小时候的她长得白白胖胖，虽是家中最小女儿，胆子却大得出奇，经常做一些一般小孩不会做的事情”[③]。

陈家迁往台湾后，与倪竹青中断了联系，四十多年后的1988年，两岸通邮之后，三毛才终于能够在回乡探亲的台胞的帮助下联系到她的“竹青叔叔”。接到倪竹青寄来的书信，三毛与家人都激动不已。

---

① 音yóu，古同“游”。

② 引自《三毛祖父陈宗绪与振民初级小学校》，发表于定海新闻网“今日定海”版块，翁源昌报道，2016年5月30日。

③ 引自《梦里花落四十载 难忘故土终相聚——记倪竹青和三毛的忘年交》，发表于普陀新闻网，记者丁琪蜜、通讯员翁盈昌报道，2016年9月9日。

这不仅仅是老朋友的问候，更是故乡对漂泊游子的呼唤。

三毛捧着信读了又读，迫不及待地回信："爸爸而今已是76岁了，他很想写信给您，可是我写信比较快，因此代笔回信，以便尽早使您收到回信。"信中还表达了对故土的神往，这是大多数同胞的心声——看到任何关于故乡的消息，哪怕只是一个名字，都会动容。

在南京的时候，从小就对文具尤其好奇的三毛不小心弄碎了父亲书房盛水的瓷缸，因为害怕，不敢承认，被罚了站。当时她只有三岁零六个月，心里只有恐惧，并不懂得什么是说谎。印象中，是倪竹青走过来，抱起她，给了她一支毛笔。

她还记得倪竹青二十多岁的样子，她记得自己会把不认得字的书拿给他看，会偷看他写公文，会让他抱着自己讲故事……三毛约定第二年回到大陆看看，去探望亲人、文友，还有她梦里的水乡。从此以后，倪竹青成为三毛在大陆的书信中转站，很多记者和读者先把信寄到他这里，再由他转到台湾。

同属舟山人的记者徐静波就是其中之一。他读了三毛的《撒哈拉的故事》，感慨丛生，发表了一篇评论文章。这篇文章经由倪竹青送到三毛的手里，三毛给徐静波回了信，还夹了一张签名照。当时，三毛的作品在大陆风靡一时，可是盗版居多，并没有人支付稿酬给她。三毛特意委托徐静波代替她，与大陆的出版社交涉，但当时大陆的版权观念尚未普及，所以此事进展缓慢。徐静波感到非常抱歉，三毛则来信安慰他，告诉他不必着急。

能够与大陆通信，三毛的夙愿也需要尽快实现。这一年，病中的漫画家张乐平在家中见到一位自称袁志群的《长江日报》记者，她是受三毛的委托，专程乘坐飞机来送信的。这封信的落款日期是 6 月 12 日。

张乐平患的是帕金森综合征，手抖得非常厉害，写字画画都很艰难，只好通过口述，回复三毛的来信，还附上了最新画的三毛像。几次通信后，三毛与张乐平之间不再生疏，而是称呼他为“爸爸”，随信寄出的照片背面还写着：“你的另一个货真价实的女儿。”

张乐平这下真的成了名副其实的“三毛之父”，晚年能够与流浪到非洲的“三毛”成为忘年之交，应是非常高兴的事情吧。

随着与大陆文人、亲人的接触逐渐增多，三毛开始为大陆之行做准备。除了去探望张乐平，她还决定回乡祭祖，并且见一见倪竹青。

1989 年 4 月，张乐平在香港工作的四子张慰军，手举巨大的三毛漫画，迎接这位未曾谋面的“姐姐”，姐弟见面后紧紧拥抱，仿佛是血浓于水的亲人。4 月 5 日晚上，张慰军与三毛同机抵达上海。徐静波前往接机，三毛亲切地拥抱他，叮嘱他看好自己的行李。

徐静波了解三毛，知道她对有故事、有历史的东西都很感兴趣，所以特意为三毛准备了一份礼物——浙江龙泉宝剑。龙泉剑曾出现在伍子胥、刘邦等历史人物的故事里，曾被选为国礼赠送给外国友人，是富有当地特色和深远意义的礼物。

得知到家时间之后，张乐平就在弄堂口等待着“女儿”的到来，盼着能够早点见面。因为三毛之前曾经在信中提到，希望能够穿上富有民国气息的卡其布中山装，但是那个时代的市面上已经不流行这种面料和款式，想找到是非常不容易的。但是张乐平一家非常重视三毛的这一请求，经历一番周折，最后终于买到相似的衣服。

三毛穿上之后，非常合身，开心得像个孩子，在镜子前照了很久。三毛将最新出版的《我的宝贝》送给张乐平，扉页附言：“爸爸，谢谢您创造了我的笔名。”这是三毛亲自带到大陆的第一本作品，用心尤为可贵。

在张乐平看来，三毛是个“极富有感情又极易动感情的人”，她主张表达出内心的热情和爱，所以并不拘泥于封建礼教和男女之防，见到思念的人一定要紧紧拥抱。张乐平夫妇发自内心地喜爱这个从天而降的女儿，“那乐观、倔强、好胜、豪爽、多情而又有正义感，有时又显出几分孩子气，这倒真有几分像我笔下的三毛”[①]。

他们关心她的健康和饮食，特地寻找医生为她治疗，但是因为时间仓促，未能如愿。他们希望三毛能够再婚，有安稳的下半生，三毛却说：“百分之九十九不会了，除非出现奇迹。”[②]

三毛在张家的四天异常忙碌，因为编辑、记者和读者们闻风而至，要求见面、写稿、访问。她不得不搬出来，住到有警卫的同济大学招待所享受几天清静。在上海，她抓住机会就去菜市场、街头游逛，体验张爱玲笔下的大上海风情。

七天后三毛再次启程，看过苏州的寒山寺、经过周庄那片赚了她眼泪的油菜花田，终于见到书本上描绘的江南，顿时激动不已。因为健康与情绪的双重影响，三毛数次晕倒。最后，经由杭州，三毛终于回到未曾谋面的故乡。

抵达宁波之后，三毛的堂姐和堂兄都来迎接她。这一路上，三毛所经之处都是绿灯，原来是特意为她打点。三毛对此颇为不悦，

---

① 引自张乐平《我的“女儿”三毛》（中央人民广播电台“海峡两岸情”征文）。

② 引自张乐平《我的“女儿”三毛》（中央人民广播电台“海峡两岸情”征文）。

但也没有指责，只是淡淡地说，我不是这样的人。

三毛登上从宁波白峰码头开往舟山鸭蛋山码头的轮渡，一路碧波乘风，摇曳着迷蒙的乡愁。船临近定海港，船长请三毛登上驾驶台，亲手拉响汽笛。三毛一边流泪，一边挥舞着手臂，向岸上的人们致意——我回来了，平平回来了！

三毛并不认得岸上许许多多张面孔，她一直在哭，无论见到哪位亲人都不管三七二十一先去拥抱，伏在肩头哭上一阵。然后突然急忙抬起头来，叫着她的“竹青叔叔”。

一别四十多年后，当步入中年的三毛与垂垂老矣的倪竹青在舟山群岛的码头上相见时，这一场景如电影镜头般，使人顿生浮生若梦之感。趁着记者不注意，三毛跪在故乡仅存的长辈阿龙伯母面前庄重地磕下三个头，然后就被簇拥着去了落脚的宾馆。

在舟山，三毛被安排下榻在华侨饭店。在这里，三毛见到了大陆的“二八”自行车，她兴致勃勃地骑上车，留下了那张为人熟知的照片，她笑得那样灿烂温暖，有着少女般的朝气。记者仍旧如影随形，三毛虽然不喜欢，却也没有说什么。她是名人，又是从台湾回大陆探亲的，当地安排的仪式和好事者的镜头，早就等在那里了。[①]

① 源自《舟山日报》对徐静波的专访，记者陈静报道，2019年3月26日。

翩翩似是故人来

这份家的安全，解除了我一切对外及对己的防卫。有时候，人生不要那么多情反倒没有牵绊，没有苦痛，可是对着我的亲人，我却是情不自禁啊！

——三毛《回娘家》

休息一天后，三毛前往小沙镇陈家村的老宅祭祖。实际上，三毛哪里懂得那么多祭礼风俗？除了从书上看来一些传统礼法，便是在台湾一些寺庙里所学。尽管如此，当她跪在爷爷坟前痛哭时，围观的许多人也都流下了眼泪。

人们都说："小沙女回来了！"他们要看看这个从未进过祖宅、不入家谱、从海峡对岸回来的女人怎样祭奠她的先祖。三毛接过亲人递上的毛巾，擦去脸上的妆容和漂泊的风尘，本应更安心，却忽然又晕了过去，过了一刻钟才醒来。

尽管是进步乡绅，为家乡建设付出很多，但在那场浩劫中，爷爷陈宗绪的墓地却被毁坏得很严重，老宅也未能幸免。时过境迁，也因为三毛即将回来探亲，当地政府出资修缮了老宅，亲戚在陈宗绪原坟墓处又修建了新坟，还建了一条通往墓地的水泥路。

了解到这些的三毛心中自是忿忿的，却又无法表达什么。她在家里的旧书箱底翻出过家谱，也看过爷爷的自传，认为陈宗绪受得起这样的排场和待遇，这次上坟和祭祖，她要“衣锦还乡”，要让九泉之下的爷爷扬眉吐气。

三毛举着点燃的香，拜了拜天地，又跪倒在坟前早已预备好的红毯上，在心里与祖先对话，三跪九叩，情绪激动之下又晕了过去。醒来后，三毛便要求去爷爷的坟上看看。因为刚刚下过雨，到处都是泥泞。三毛煞有介事地看了坟地的风水，检查了墓碑上的铭文雕花，这才扑向墓碑，痛哭着高呼：“阿爷——阿爷——，魂——兮——归——来——”

围观的小孩子嘻嘻地笑起来，他们哪里懂得三毛心里的悲哀。在场的上了年纪、多少知道一点其中故事的人却都红了眼睛。

徐静波一直陪在三毛身边，早就按照她的要求准备好了装坟头土的盒子与装水的瓶子。三毛装了一把坟上的土，这是故土，也是爷爷的魂魄所在，需要给父母带回去的。

倪竹青与亲戚们陆陆续续上前跪拜，三毛跪在泥地里答礼。有些老人流着泪感慨，若不是当年陈宗绪创办免费小学，恐怕现在的自己也不会过上今天的好日子。三毛心里暗暗地想，终于，陈家的人平了当年的冤屈，祖父在天有灵，应当安息了吧。

老宅有口水井，三毛并没有忘记。亲戚帮她打了一桶水上来，但三毛执意自己打水，不仅装在瓶子里，还喝了一口。临走时还带上了老宅的提篮和一只当年陈家用来盛饭的粗碗——这都是家里的东西啊。

一向迷信神秘力量的三毛，回到宾馆后还是不放心，取出一点土，掺着一点井水，饮了下去，在心里告诉自己，从今以后自己就是有了根的人，再不会水土不服。

在离别的船上，三毛再也忍不住，哭着伏倒在栏杆上，对自己说："死也瞑目。"

喝了故乡的水，沾染了故乡的风尘，拥抱了故乡的亲人，人生从此有了来处，再不会有颠沛流离。

三毛第一次回到大陆，许多陪在她身边的人不约而同地提到，她的身体状况非常不好，有时候一天要晕倒三四次。三毛从不在自己的作品中写自己患了什么病，她的父母也一向低调，并不以三毛的身体状况博人同情。在徐静波的回忆文章中，或可侧面了解到一些情况。

在见面之前，三毛就整理好自己的病历单寄给了徐静波，委托他在杭州帮自己寻访名医。徐静波联系到著名的内科医生，并组织成立了专家小组，可三毛并不相信西医能够治好她。她的确早已病入膏肓，勉力支撑——西方医学一直没有让她痊愈，病痛的魔鬼不时折磨着她。

在张乐平家里的时候，三毛的肩颈痛和胃病就让老人十分担忧，可见情况之严重。三毛让徐静波找一些气功大师为她治疗，虽然自己并不相信气功的疗效，但徐静波还是非常尊重三毛的诉求，为她找来了三位大师。三毛最后“拉下衣领，露出脖子上周围红红点点，告诉我们她患有淋巴癌，一直没有治好”[①]。

在去世前两天给倪竹青的信中，三毛提到自己的“喉内、胸、子宫都有癌已查出来了”，还让倪竹青夫妇不要担心，是“腺癌”。但是这件事她的父母和媒体都不知道，治疗耗资不菲，又耽误工作，

---

① 引自张乐平《我的“女儿”三毛》（中央人民广播电台“海峡两岸情”征文）。

三毛感到极度痛苦，也只能无奈地接受现状。

关于三毛的真实病情，并没有太多资料可供考证。早在撒哈拉沙漠时，因为当地卫生条件极差，她患有妇科病，久未得治；在大加纳利岛上，这病还没有痊愈，又遭遇了车祸，回到台湾被中药治好过，但是荷西去世后，她工作劳累，神经紧绷，是否积郁成疾，亦未可知。

此番回到故土，三毛自觉今生无憾。人生百年，匆匆已过四十载，仿佛飘在半空中的风筝，终于知道线的那头握在谁的手中。对于与三毛的见面和离别，张乐平认为作家白桦的说法甚妙：“我不讲欢迎，因为你本来就是这里的人；我也不说再见，因为你还会再来……”[①]

大陆的第一次行程，其实十分匆忙。三毛并没有回到南京，她的父亲陈嗣庆也很奇怪，为什么没有去南京看看呢？对于出生于重庆但生活印象都是南京的三毛来说，那或许才应该是故土吧？

生在重庆，当时正赶上轰炸时期结束，常理来讲，婴儿能了解什么、记得什么呢？但三毛却对父亲说，一睁眼就看到了兵荒马乱，

① 引自张乐平《我的“女儿”三毛》（中央人民广播电台“海峡两岸情”征文）。

向着巨大的铁鸟行进。她和姐姐被带进了窄窄的空间，在铁盒子上紧张地坐好。四周充斥着尖锐的蜂鸣，头顶上是网球一样的吊袋。母亲的脸色并不好，她也感到恐惧。

他们的确由重庆起飞，回到了祖父创业的城市——南京。离开大陆的时候，三毛还不到四岁，却对很多事情记忆深刻。她知道，她的家在南京鼓楼头条巷四号。没有人教过她地址怎么说，因为当时她实在太小，不被允许单独出门。当哥哥姐姐们和别人谈起自己的家庭地址时，一旁的三毛便记了下来。虽然并没有什么用处，但她还是记住了，记了四十年——那是她的家。

南京的这栋房子里曾住着二十多口人，伯父一家、陈嗣庆一家、倪竹青以及一些帮佣。三毛以为这样的大家庭，开支巨大，应该是承蒙祖上余荫才过得来那样惬意的日子。但是父亲告诉她，房子是租来的。陈嗣庆兄弟俩没有分过家，一直在一起生活，祖父在三毛回到南京之前就回舟山养老去了，他几乎将所有的积蓄都捐给了家乡的慈善事业。

房子的一层是父亲和伯父办公的地方，他们在这里开设了一家法律事务所，业务往来频繁，因而收入尚可。倪竹青是非常重要的工作人员，他那手好字在当时起到了打字机的作用，若是没有他，很多事情都做不来。

房子是回字形的独栋，四周是并不算高的围墙。但是对于刚刚脱离婴儿期、步入幼儿时代的三毛来说，攀越还是颇为困难。她经常爬上假山，偷着玩弄三堂哥饲养的蚕宝宝，或者望着院子外面发呆——各种建筑的屋顶和各种颜色式样的国旗，沉淀着古旧，也飞扬着无奈。

前院种着梧桐树，桑树和花花草草，后院的篱笆有一面墙的爬墙玫瑰。三毛实在太小，孩子们的游戏总是与她无关，年轻人窃窃私语时也总是叫她走开。父母忙忙碌碌，没有时间理会她，她便安静地观察着后院的生态：烟火弥漫的灶间，纳鞋底、熨烫衣物的女佣，挨打的马蹄子，垂死的门房婆婆。

三毛一直笃定地说自己看到门房婆婆死去之前，从口中飞出了一串白蛾，原来那就是人的灵魂，最后要告别躯体，回归纯粹自由。三毛在这里第一次听见英文，那来推销地毯的可怜的流亡俄国人或者犹太人，拿到父亲递过去的钱，交给父亲一块地毯，握手的时候说上一句：“OK，you get it！”

这些都是非常新奇的事情，足够让她铭记一生。

对于院子外面的世界，三毛熟悉的不过是信教的母亲带着孩子去做礼拜的场景罢了。三毛不懂神的意味，只是单纯地认为那是母亲崇拜的大人物，于是便将“耶稣”挂在嘴边。但是神好像也并不能带来什么。抗战胜利后，在原本以为到来了的和平年代，他们还是去了台湾。

物是人非，故土不堪回首，月明依旧。通邮以后，三毛陆续得知了大陆亲人的情况。儿时的回忆有多深刻、多美好，失去故人就有多令人心碎。

她想把那永恒的记忆都留在当年。

Chapter 06

人生何处不相逢

世上就是有那么一种人，她并非是为活着而来，而是为经过而来。谁能温暖一块水晶，谁能温柔一阵风呢？她本来无一物，是天地的一部分，不完全属于这世界，不华丽，不修饰，原原本本地做她的红尘之水。

往来皆过客

可是风是那么的紧，天空是那样的无边无涯，我们只来得及交换一个眼神，便飞掠过了。

——三毛《云在青山月在天》

回到台湾后，不久前刚斩获金马奖的导演、编剧严浩，邀请林青霞和三毛一起吃饭。他希望三毛以林青霞为女主角写一个剧本，由自己执导。三毛一边在笔记本上写着什么，一边与他们说话。严浩问她在写些什么，三毛笑着回答说，她在与荷西对话。

当时荷西去世已经十年了，三毛这种诡异的举动实在令人惊讶。

三毛相信所有未知的可能，也自信真的与灵界有过沟通。她认为自己见到了已经去世的干爸徐訏，也能与冥冥之中的灵魂交流。虽然能够从中得到安慰，可这虚无缥缈的说法得不到验证，只会徒增恐惧，久而久之，在许多人眼中，三毛的精神状态是不稳定的。

严浩和林青霞并没有认为她是个疯子，反而兴致勃勃地与她约定，如果他们其中的哪一个先死了，一定要回来告诉另外两个人是什么感觉。这本是戏言，但三毛去世后，林青霞在回忆录中说，恍惚之间，三毛似乎真的曾经回来找过她。

那天晚上，三毛从楼梯上摔了下来，肋骨断了四根，肺都被戳破了。林青霞以为这件事就此泡汤，谁知严浩却认为，养伤也好，这样三毛哪里也去不了，就在家写剧本。而三毛当时的情况，其实是非常危急的。

转院之后才得到良好治疗的三毛，在荣总医院发出绝望的嘶吼，肺部插进了碎骨头，自主呼吸困难，昏迷数日，被下了病危通知单。十天后，切除了左肺的三毛终于可以自己呼吸了。身患重疾的母亲刚刚出院，走路都成问题，父亲来看过她，可除了心痛别无他法，这个年过古稀的男人承担着巨大的精神压力。

三毛的身体状况，可以用“弱不禁风”来形容，可是一旦她好了伤疤，很快就能忘记当初的疼痛。

出院后的三毛回到公寓，开始了紧张的创作，仍旧是坐监牢一样足不出户，由家人每天为她送饭。林青霞本想去探望，但三毛不允许她来，只说剧本写完后，才肯与她见面。数日后，终于得到允许的林青霞提着两盒凤梨酥来到三毛家里，听着她用温柔的声音一页一页读着剧本，剧情发展到了哪里，三毛就会播放剧情所属的那个年代的曲子，然后随着音乐舞蹈起来。当时已拍摄过多部电影、负有盛名的林青霞看着三毛在故事中陶醉的样子，对剧本的信心大增。

电影创作期间，三毛倾注了大量的心血。她积极地参与制作，甚至毛遂自荐出演张曼玉扮演的角色，但严浩拒绝了，毕竟电影的上座率还是要考虑观众的喜好，正当红的年轻女演员可能比编剧、知名女作家更卖座。三毛对此事表示理解，毕竟写作是她擅长的，电影则是严浩的专业领域。

三毛与严浩、林青霞等主创保持着密切的沟通交流，不顾身体健康恶劣的情况，执意跟组拍摄。除了因为珍爱这部剧，电影也是她未曾涉足的新鲜领域，有趣的光影和拍摄手法，都很吸引她。其实，不管是求学时期还是流浪沙漠的岁月，电影对于三毛来说，就是艺术的集中欣赏。从小学、西班牙留学期间，再到在撒哈拉沙漠中三毛以看电影的方式庆祝结婚，不难发现，三毛都将看电影作为生活幸福的象征。

在所有人的共同努力下，电影《滚滚红尘》取得了巨大的成就，荣获第二十七届台湾电影金马奖八项大奖（提名十项）、第三届新加坡国际电影节“最佳亚洲电影”提名、第十届香港电影金像奖八项提名……

凭借这部电影，林青霞首次也是唯一一次获得金马奖最佳女主角，严浩获得最佳导演奖。

这部电影的特殊性在于它是由多地影人联合制作而成。导演和演员主要来自香港和台湾，电影取景地则是吉林省长春市，制作方则注明为香港汤臣影业公司、中国电影合作制片公司和长春电影制片厂联合摄制。

三毛作为编剧，并没有获奖，这让她深感挫败。颁奖典礼结束后，三毛写信给倪竹青说道：“这其中落选的原因也很明白了。我还是伤心难禁。叔叔，我是被牺牲的。”虽然早在颁奖前给张乐平夫妇的信中提及“不相信会得奖，这事我看得很淡”，可三毛对于最终没有获奖还是很难释怀。

她不能释怀的并不是自己的付出没有得到认可（电影获得最佳影片已是品质的有力证明），而是她被“牺牲”了。无论是政治因素还是评奖黑幕，三毛在当时应该已经知道真相，但她没有说，只默默难过。

有人说，《滚滚红尘》影射的是张爱玲与胡兰成的爱情故事，可是，大时代背景下，这样的故事还少吗？《滚滚红尘》或许不是哪个著名人物的爱情写照，也不是三毛本人的爱情缩影。大陆之行给三毛更宏大的世界观，她看到了小人物在历史长河中艰难的挣扎。爱情也好，名利也罢，或许对三毛来说，“归彼大荒”是爱情的最终结局，也是人生的最终答案。

在罗大佑为《滚滚红尘》创作的同名主题曲中，他用轻描淡写的语气讲述着富有代表性的爱情体验：“终生的所有也不惜换取刹那阴阳的交流”，“来易来去难去，数十载的人世游，分易分聚难聚，爱与恨的千古愁”，“本应属于你的心，它依然护紧我胸口”，“至今世间仍有隐约的耳语跟随我俩的传说”，这几句歌词很像剧中的情节，也很像三毛的故事。

这首曲子还有一首粤语歌词，由林夕所填，其中有几句是“人间有惹恨情人，没伸手拯救我的神”，“生生死死原来无非要换来他半天半点遗憾”，“一点一点泪水终会化造一抹泣血的红尘”，仔细听来，亦有生死遗恨的感触。

如果说文艺界有很多懂得三毛的人，那么罗大佑应该是其中之一。他在这首《滚滚红尘》中写尽了三毛与荷西的爱情，写透了世间爱恨，在三毛去世后，他还将歌名改为《追梦人》，并在歌词中增加了四句，句句映照三毛的经历。

这四句是："让流浪的足迹在荒漠里写下永久的回忆，飘去飘来的笔迹是深藏的激情你的心语，前尘后世轮回中谁在声音里徘徊，痴情笑我凡俗的人世终难解的关怀。"

荒漠里的浪子，以写作为生，徘徊的声音是 Echo（回声），最后是俗世不解的猝然离开，这简直就是三毛一生的写照。

这并不是同情，而是慨叹。三毛当然不需要人们的理解和同情，活着的时候如此，去世之后亦然。许多听过三毛声音、接触过三毛的人，都有一个共同的体会：她原是水一样的女子，是温柔而坚固的存在，像水滴一样，能浸润万物，毫无保留，奉献到底。然而，一阵寒风吹过，便可以凝固她，让她防御式地封闭自己。

对三毛来说，世界是危险的，而她这一生其实都在践行不理会、不在意的信条——不理会人们的耳语，不在意岁月的磋磨。是我们遇见了三毛，是三毛经过了这个世界。所以，擦肩而过的时候，不必流泪叹息，不必唏嘘遗憾。做彼此独立而特别的那滴水，任世人眼中方而又圆，任天地使之死而复生，各自晶莹，各自完整。

但这都是后话。

创作完剧本之后，三毛再次踏上旅程。她需要不停地行走，虽然身心俱疲，不堪重负，可是只有不停地离去和归来，让灵魂获得升华，她才能获得继续生存下去的力量。

这次出发的目的地，与作家司马中原不经意间提及的一个故事有关。与三毛一起参加过演讲会、一起“拾荒”淘宝的司马中原，被她亲切地称为“司马叔叔”，他在1989年参加一次香港的活动时，听过作家夏婕讲述的音乐家王洛宾的故事。夏婕来自大陆，曾经在新疆的农场工作过，对王洛宾有很深的了解。

王洛宾出生于北京，素爱音乐，早年间积极投身抗日救亡事业，后加入中国人民解放军，在新疆工作，曾经创作、改编《在那遥远的地方》《半个月亮爬上来》《玛依拉》等民歌，为少数民族音乐的传播和发展做出了卓越的贡献。但他的人生充满戏剧性，经历坎坷，又失去了爱人，可以称得上孤独而多情的人。

三毛从司马中原那里听来了这个故事，又看到了夏婕的文章，深受感动。或许是共情的作用，或许是恻隐之心，第二次大陆之行，她来到这位老人的门前。外界一度认为，三毛与王洛宾之间是有爱情的，但是熟悉内情的人都否认了这一点。

在前往乌鲁木齐之前，三毛与司马中原曾经有过谈话，她说自己虽然已经出院，但呼吸都感觉疼痛，身体状况并不是很好。

司马中原接受采访时说：“自从丈夫荷西死后，她的心经常像浸在冰水里那么寒冷；也常在梦里见到荷西，求自己早点和他会合。”

作为朋友，司马中原心疼她，劝她再寻求一位伴侣，但三毛叹着气摇了摇头。身边追求她、表达婚姻意愿的人很多，可无论是身份还是财富，都不是三毛选择爱人的条件。没有令她心动的人，连爱情都缺乏的两个人，又何谈婚姻呢？她仍旧爱着荷西，她的爱情与去世的丈夫系在一起，很难再将真心赋予谁。曾经沧海难为水，她也并不认为，会有谁比荷西更值得她交付爱。

时光里的隐约耳语

这些都不是很正确的看法。好在，别人如何分析我，跟我本身是一点关系也没有的。

——三毛《白手成家》

三毛将这次行程称为“第二次归去”。在她心里，祖国大陆才是她真正的家乡。

1990 年春天，在看过震撼人心的兵马俑之后，三毛途经万里长城来到敦煌，在飞天壁画前又一次体验到了灵魂出窍的感觉。上一次出现这种感觉，还是在中南美洲之行中，身处同为高原的厄瓜多尔的安第斯山脉。

对祖国文化与历史的痴迷，三毛不止一次在文字中体现出来。而对她来说，感受到的比表达出来的要更多。她的感受性太强，身体已经无法承载强大的灵魂，无论是来自秦朝的兵马俑还是修筑了千年的长城，对三毛来说，她不是以游人的心态在欣赏历史和传说，而是以游子的心情在感受母亲的脉搏。

大西北给三毛的感受，是类似撒哈拉那种熟悉的苍茫感。三毛听着“或许明日太阳西下倦鸟已归时，你将已经踏上旧时的归途”（罗大佑《恋曲 1990》），又一次进入了幻境之中。她仿佛在不同时空中穿梭，恍惚得厉害。见到的人与听到的声音交织在一起，前生今世的种种猜测，竟都感觉真实起来。

在干燥的寒风中，三毛感受到灵魂的痛楚，那是深刻的被撕裂又被粘合起来的感受，清晰得使人不由自主地战栗，她形容那是爱情。在敦煌，三毛对时光的终极探索已经走到结尾，“我的生命，走到这里，已经接近尽头。不知道日后还有什么权利要求更多”。

整个过程带来的感受是无法言喻的，三毛说：“那真正的神秘感应，不在莫高窟，自己本身灵魂深处的密码，才是开启它的钥匙。”[①]

---

① 引自《夜半逾城》，收录于三毛作品集《高原的百合花》，三毛著，哈尔滨：哈尔滨出版社，2003年版。

这是永恒的归宿，这是灵魂的安憩之所。从前的她，随着母亲一起去做礼拜，跟着公婆去望弥撒，现在她匍匐在菩萨脚下，仿佛聆听到慈爱的教诲。神的存在意义是安慰和指示，为人提供解除痛苦的方法。三毛一直追求的和笃信的，是生命终极的完结点，归彼大荒是人世美梦的结束和开始，也是肉体的“好了”。

三毛感觉这里就是“大荒”，所以她拜托此行遇到的最令她感到熟悉的朋友伟文，“这也是我埋骨的地方，到时候你得帮忙”。现在的敦煌，这片她永恒的灵魂栖居地，那座荒野里看似凄凉的土馒头，深藏着游子对大地的眷恋与执着。

接着，三毛去探访了王洛宾。三毛自己并没有记述这次探访的过程，只是匆匆一面，媒体的报道和人们的猜测却甚嚣尘上。

分别后，三毛给王洛宾写了信：“我们是一种没有年龄的人，一般世俗的观念拘束不了你也拘束不了我，尊敬与爱，并不在一个称呼上，我也不认为你的心已经老了。”

在新疆，她找到了世界上另一个自己的灵魂，她在撒哈拉追求的，与王洛宾在新疆追求的，岂不相同吗？他们都为情所困，苦苦地守着逝去的爱情。在第一次见面后，三毛感觉自己遇到了同类。

可是，在人们的耳语中，她的“爱”被解读为恋慕。究竟有没有爱情，三毛的姐姐陈田心给出了明确的答案：三毛接受东方传统教育的同时，也受到西方开明思想的影响，在她的书中，曾经也提到羡慕西方人能够大大方方地表达爱意。拥抱和亲吻并不是爱情的专属，而是想念和爱重的体现，“爱”这个字也并非爱人之间的专属。

三毛在给家人的信中说，从小唱王洛宾的歌，现在却能认识这个人；王洛宾的年纪很大，所以她把王洛宾当作长辈。她谈到的爱，与对父母、姐弟、朋友的并没有分别，是一种情感上的互动而已。外界的传播和添油加醋，让这种单纯的欣赏变了味道，也让三毛与王洛宾之间产生了误会。

她原本想在新疆多停留一阵子，可是当时相处的感受并不好——她还没下飞机，记者们就蜂拥而至，加上相处的时候，王洛宾也要随时接受媒体的专题采访，记者甚至想要让三毛加入“摆拍”。这让本身就不喜欢这类活动的三毛非常厌恶，甚至在吃饭的时候大发脾气，说出“你想饿死我啊”“我要杀了你”这样的话。

三毛在歌曲专辑《回声》中说，她“一直在告诉自己，如果能够再活一次，天上的繁星不会总是挂在北天寒冷的地方。星星们总也挤在天的一角，即使一再跟自己说，如果再跨出一步，可以看见温暖的南十字星，而我不能”。

她没有爱上王洛宾，只是单纯认为自己找到了知音。

她第三次踏上大陆的土地，除了这次与王洛宾之间不够愉快的会面外，还选择了祖国西南的路线，去成都、重庆，她本就应该去出生的地方走走。

摄影师肖全陪同三毛走过这一段路。他看着她像个当地人一样，在街头巷尾游逛，长发披肩，举止洒脱。她像许久没有归乡的孩子，一路上与乘凉的老人打着招呼，看着孩子结伴游戏，听人们谈起古老城市的传说。她说自己是重庆人，因为本就出生于重庆黄桷垭。在记者的采访视频中，三毛笑得动人，她说成都是“与众不同的温柔之地”，还说“谢谢成都同胞给我这样有爱的接待”。

在西藏，三毛并没有尽兴。她很快就因为高原反应进了医院，在西藏军区总医院，医生给出的体检结果是轻微脑水肿和肺水肿。这种健康情况实在不宜多作停留，三毛很快离开，留下了无法弥补的遗憾。这一年的中秋节，她是在上海与干爸爸张乐平一起度过的。他们仿佛真正的一家人，记者在此拍下了一张又一张其乐融融的照片。

三毛在杭州约见了倪竹青夫妇，匆匆见面之后又是别离，谁料原本约定的再见竟成永别。与叔叔的感情是从小建立起来的，作为与大陆为数不多的情感牵系，三毛无比珍视他们之间的情谊，她将倪竹青特意为她题写的“侠义襟怀堪自怡，骨奇气灏意难羁，柔肠淘尽千江水，情寄文坛志不移”珍藏起来，又把他画的一张“墨竹”发表在台湾《明道文艺》上。

回到台湾后，三毛参加了金马奖颁奖典礼，不料却失望而归，这让她情绪大为低落。不久，因为身体不适，三毛再度住进了医院。入院三天之后，三毛去世的消息见诸报端。

三毛的母亲缪进兰在采访中提到，女儿并非因严重的病情住院，1991 年 1 月 2 日手术后，一切都向着好的方向发展。3 日晚上，缪进兰曾经接到女儿的电话，三毛急切地说着什么，但那一切似乎都是幻觉。三毛一向睡眠不好，曾叮嘱不要医护人员来打扰。

因此，当这一晚过去，病房的门再度推开的时候，人们看到的是三毛的遗体：以尼龙丝袜吊颈，身着白底红花的睡衣，现场没有遗书。

法医鉴定，三毛的死亡时间为 1 月 4 日凌晨 2 时左右。

倪竹青收到三毛 1 月 2 日写来的信，提到自己的心情，她说“非常累，写不动信”，癌症已经蔓延到身体很多地方，“下半年没法工作了，手边有四个剧本也不能做了”，“人生一场，劳劳碌碌，也不过是转眼成空”。

三毛似乎在作结论，又似乎在剖析自己的性情：“我内心不是没有感到孤独，但我丧失了去爱一个男性的能力，这真是一种深悲。我是宁为玉碎、不为瓦全的人，在情感上，尤其在男女的感情上自律很严，非常冷静。”她知道父亲对自己是了解的，恐怕也深信父母能够原谅自己的不告而别。她还说，“寿衣”应该很好看，应该做几件放着。

白先勇眼中的三毛，永远是那个“穿了一身苹果绿的连衣裙，剪着一个赫本头，闺秀打扮，在人群中，她显得羞怯生涩，好像是一个惊惶失措一径需要人保护的迷途女孩”，听到她去世的消息，白先勇却说：“可能那才是真正的三毛，一个拒绝成长的生命流浪者，为了抵抗时间的凌迟，自行了断，向时间老人提出了最后的抗议。”[1]

杏林子、张拓芜素与三毛交好，是“铁三角”。杏林子常年坐在轮椅上，是积极进取的残疾作家，张拓芜则原本默默无闻，军旅出身，因三毛读了他的书，在报上发表了书评，他才逐渐被关注。这三个人中，三毛最心软，张拓芜经历最丰富，杏林子最坚强。因为不忍心看到杏林子为疾病所苦，三毛曾经出主意，说如果实在忍不了，就给杏林子一颗毒药，责任由她与张拓芜来承担。张拓芜当即表示不愿承担这个责任，杏林子则坚决反对：“我还没活够！”[2]

---

① 引自《不信青春唤不回——写在〈现文因缘〉之前》，收录于文集《昔我往矣》，白先勇著，北京：中华书局，2016年版。

② 引自《三毛1943—1991》，师永刚、陈文芬、沙林编著，北京：作家出版社，2011年版。

结果，最健全、最年轻的三毛竟然最早结束了生命。

对此，杏林子在表达了深切的哀悼之外，还表达出对她自杀的不满和批评，认为她不该伤害家人，这样的人生态度实在不该效仿。

三毛的猝然离世，在司马中原的意料之外，从大陆回到台湾之后，他原本是要设宴为她接风的，谁知她竟然离开了，让自己这一生都欠她一顿饭。可他也认为，“三毛就是这样，用她云一般的生命，舒展成随心所欲的形象，无论生命的感受，是甜蜜或是悲凄，她都无意矫饰”①。

王洛宾听到三毛去世的消息时，比其他人晚了一些。这位老人起初并不相信，确认后不顾健康，大醉一场，醒来后写下那首《等待》：“你永远不再来，我永远在等待。”②

痖弦在回忆三毛时说，她“就像一个光源，她希望普照到每一个角落，一个热源，她想把温暖分给每一个需要温暖的人”③。那种对待陌生人的慈悲与真诚，是常人很难想象的。他不相信三毛是

---

① 引自《他们说三毛》，收录于三毛作品集《温柔的夜》，哈尔滨：哈尔滨出版社，2003年版。

② 引自《中国新诗·最美情诗卷》，中国诗歌学会主编，北京：线装书局，2016年版。

③ 引自痖弦《百合的传说——怀念三毛》，收录于三毛作品集《高原的百合花》，三毛著，哈尔滨：哈尔滨出版社，2003年版。

自杀而死的，更愿意接受她是因为过度劳累，吞服了过量的安眠药永远沉睡过去了。

三毛去世两天后，远在大陆的徐静波收到了一封寄出时间为1990年12月29日的信，信封里是一枚礼卡，上面是原本印刷好的祝福语，以及三毛亲手写上的“谢谢你”。

接到三毛于1月1日清晨2点写的信时，贾平凹已经得知三毛去世的消息了。贾平凹是三毛非常喜欢的作家，本已约定好见面，三毛还要他借一辆自行车给自己，在他笔下的商州好好转一转。贾平凹把作品寄给三毛后不久，没想到对方却失约了。在《哭三毛》中，贾平凹说：“三毛是死了，不死的是她的书，是她的魅力。”①

上海的张乐平一家闻讯哀不自胜，三毛是他们家庭的一员，接触虽短却情谊深厚。张乐平想念着自己的“女儿”，他说：“春节一天天临近了，大儿媳早就准备好一件中山装等她回来试穿，全家人仍在执着地等候，过节的时候，有一个座位将留给三毛，因为在我们全家人的心中，三毛是永生的。”

旅行家、媒体工作者眭澔平是最后接到三毛电话的人。他与三毛相识不过一年，因采访结缘，因志趣相投成为密友。三毛3日晚

① 引自贾平凹《哭三毛》，发表于《当代青年》，1991年第2期。

上给他的电话留言听起来是迫切的需要，又像是自言自语：“我是三毛，你在不在家，人呢？你不在家。好，我是三毛。”

2 日的时候，眭澔平与三毛还聊过未来的打算，她说新的一年要写剧本，她让他帮忙寄出写给大陆作家贾平凹的信件。三毛将一封信夹在《滚滚红尘》中送给了“小熊爱人”眭澔平，她说，“我走了，这一回是真的”。她走得洒脱，但是眭澔平责任重大。

失去“同志”的眭澔平成立了三毛纪念馆，还踏上了漫漫征程，用二十年的时间踏遍地球上近两百个国家，他说：“在旅行的时候，有一种特别感觉，像是在接续她的脚步，完成她没有走完的旅途。”[①]

每个人都爱她。

---

① 引自《三毛的最后一封信》，眭澔平著，武汉：长江文艺出版社，2011年版。

云在青山月在天

生命无所谓长短，无所谓欢乐、哀愁，无所谓爱恨、得失……一切都要过去，像那些花，那些流水……

——三毛《秋恋》

1991 年 1 月 4 日，三毛去世了。

陈嗣庆在写给女儿的一封信中提到，三毛多次提及《红楼梦》中的《好了歌》（在她的作品中也多次出现“好了”这样的字眼），说自己“差一点就可以做神仙，只恨父母忘不了”。他对女儿说，“请你去做神仙，把父母也给忘了，我们绝对不会责怪你”。

这是父母之爱的极致，陈嗣庆对女儿的选择其实是肯定的，所谓“好了”，“其中也并不是没有责任”，只是经历了太多的三毛更能够接受生命结束的时刻。

人活着，有时是分不清梦境与现实的。在这周而复始的迷惑中，三毛选择早早结束这一切。与这世界的离别，真希望是她自己的情愿，是想清楚了、体会多了，轻轻叹息一声：“好的，明白了，原该是这样的。”然后付诸行动。

她来，是为了寻求梦的终点；她走，是回到那场梦里，为生命完成一个轮回的闭环。世俗加诸她的痛与常人所受一般模样，但玲珑水晶的承受之力又能强到哪里去呢？最后，她选择不再受苦，早早地归于天地间，完成宿命最后的一步。

当这个消息传遍大江南北时，有人扼腕叹息，也有人痛哭流涕。但是，仿佛所有人都不得不存了哪怕仅有一丝一毫的念头：是的，那就是她的归期。就像云就该与青山比肩，月就应该悬于中天。那就是她，她来了，她爱了，痛了，醒了，梦了，最后总要归去。

为什么死亡一定是结果？为什么离别一定要哭泣？世界予她伤口，给她悲喜，最后自然要收回这些，还她最初的平静沉寂。

古人说：“往古来今谓之宙，四方上下谓之宇。”（《文子·自然》）宇宙无边无垠，其间，便有那么一种人，并非为“活着”而来，而是为“往来”而来。她是“本来无一物”，是“上善若水任方圆”，是“我”，是“滚滚红尘”，唯独不是那具肉身。

三毛就是那样一阵风：走过春天，催开蒙昧的花蕾也抚慰料峭的轻寒；隐于夏日，炙烤酷烈的骄阳，给万物神秘悄然的温柔；飞旋在秋天，既狂野地拥抱着收获，也悲凉地预告着终结；洞明在冬季，从来处来，往去处去，“好似食尽鸟投林，落得个白茫茫大地真干净”。

她走了，她也来了。她不在，却又处处都有她的存在。

众生悲悯的从来不是她，她亦无需被同情被感恩，她得到爱，奉出爱，来时剔透，去亦淡然。她也不仅仅是她，或许苍生中有无数个“三毛”，有数不清的“陈懋平”，有千千万万个“某人的未亡人”，却唯独有一个洒脱的她，走过了这沧桑的人生，又丝毫不留恋人间地归去，留给轮回一个完满。

在那以后的几十年里，有人单纯地将三毛作为一个肉体凡胎来研究，认为三毛可能存在抑郁的症状，或者大概是失去爱人后，精神便不太正常了；也有人觉得，三毛是矫情的，是做作的，是消极的，是缠绵的，她的爱与恨、浓与淡都是刻意而为之，适宜将她放在林黛玉式的群体里，借以“为赋新词强说愁”；还有一些人，打着爱的幌子、研究的旗号，给三毛冠以各类或雅致或奇绝的名号，为她随意定性、比较，把她当作玩偶娃娃；更有甚者，恶意揣度三毛的为人，扭曲事实，只为满足自己那一点肮脏的想法。

如果三毛还在，就如同那风，吹过这些零碎的文字，她的嘴角是否会浮现一丝释然的微笑，以她本来的样子，水晶似的，照出文字背后那些面孔真实的模样？

真实的三毛究竟是什么样子？这是许多人的疑问。斯人已逝，我们仅能从与她交往过的人口中略微了解她的模样，更多的则来自她的作品。有人说，撒哈拉是小说，是以虚构为主、掺杂了过多文字渲染的文学作品。那不是真正的三毛，也不是真正的荷西。可是，谁知道真正的三毛与荷西呢？谁又能坚定地说自己了解真正的沙漠？

她行踪不定，漂泊天涯，外界流传的那些拼凑的故事远远不及她真实的经历丰富。三毛骨子里的传统文化思想根深蒂固，在尚未开蒙的时候又吸收了大量西方思想，她代表了相当一部分中西文化碰撞融合时期深受影响的国人，她思想上的矛盾既有先天的悲悯和消极，但大部分主要是后天累积而成。生在动荡年代，太敏感就容易碎裂，太刚直则容易折损。三毛选择做竹子，柔韧怀虚，自成风景。

世上就是有那么一种人，她并非为活着而来，而是为经过而来。谁能温暖一块水晶，谁能温柔一阵风呢？她本来就是天地的一部分，不华丽，不修饰，原原本本地做她的红尘之水。

三毛并未因通晓世故而成为世故的人，她仍是那片水晶。文字、图画、风景，排成长队，踏着长歌穿过她的灵魂，蹉跎间留下的那片墨迹，仍旧回到书本上，仿佛这个生命从未开始，亦永无终止。

三毛的存在，也许并不是这个世界的意愿。人间对她来说，只不过是一段旅程；而她对世界来说，也只是个访客罢了。人间不是她的归宿，她人世的使命仅仅是折射出红尘的色彩。人间透过她的笔端、足迹，将悲欢离合展示给世人。她要的却只是最终的归寂，是万丈俗尘背后的回归天地。众生该悲悯的从来不是她，她亦无需被同情、被感恩，她得到爱，带来爱，奉献爱，来时剔透，去亦淡然。为什么死亡是结果，为什么离开一定要哭泣？这世界予她痛，令她喜，最后又将悲喜全部收回。

天地者，万物之逆旅；光阴者，百代之过客。

浮生一场大梦，身在其中，孰能辨别谁为庄周，谁又是蝴蝶？选择了离开的三毛，是真的不在乎了吧！正如李白所说："生者为过客，死者为归人。天地一逆旅，同悲万古尘。"① 也如苏轼所说：

---

① 引自《拟古十二首》（《李白全集编年笺注》），（唐）李白著，安旗校注，北京：中华书局，2015年版。

“天涯踏尽红尘。……人生如逆旅，我亦是行人。”[①]

在阅尽千帆的三毛看来，来来去去都是自然，我们未必是飞鸟，也不必参悟奥妙，更没有必要生生世世长相厮守——“毕竟人是必须各自飞行的，交掌都不能够，彼此能看一眼已是一霎又已是千年了。”

走吧，三毛！再会吧，陈平！“凭尔去，忍淹留”[②]，你选择你的天地，“飞鸿雪泥，不过留下的是一些爪印”，但你从不停留，像极乐鸟，欢快地鸣叫一声，迎来血色灿烂的结局，“所飞过的天空并没有留下痕迹”。

三毛依旧是那个浪子，她且行且歌，“我所居兮，青埂之峰。我所游兮，鸿蒙太空。谁与我游兮，吾谁与从。渺渺茫茫兮，归彼大荒”[③]。

她自飘零，自悲悯，自潇洒，千山万水走遍无用，物换星移看惯难平。没有多么雅致，也非尘埃里的凡俗，她是再平常不过的每

---

① 引自《临江仙·送钱穆父》（《苏轼词全集》），（宋）苏轼著，谭新红编著，武汉：崇文书局，2015年版。

② 引自《红楼梦》（脂汇本），（清）曹雪芹、高鹗著，长沙：岳麓书社，2011年版。

③ 引自《红楼梦》（脂汇本），（清）曹雪芹、高鹗著，长沙：岳麓书社，2011年版。

个人，也是再纯粹不过的奇迹。世人要将她染俗了，要玷污她、埋没她、同化她，她仍然坚持本真，活出极致，乐就自在放肆，悲便彻骨锥心。

能够描摹形貌的是后来的三毛，是至简大道的回声。她时而是一阵温润的风，时而是一道跳跃在湖面的粼光，时而是一只翩跹的精灵。你如何看她，如何待她，她就是何种形貌。

三毛最爱贴近、体验世俗，但她能够坚定地永不融入世俗。在短暂的生命中，她穿过三千弱水，仍是本来面目，无相无色。人们爱她，亦是透过她看见了镜面映出的放大了、清晰了的自己。

既然三毛选择在作品中这样表达自己，希望人们看到的是这样的她，那么我们为何不收下这份期待？三毛爱做梦，不妨就把三毛当作人间的一场梦吧。

（注：本书中所有引述均出自三毛作品及相关人士采访。）

附录I 三毛生平大事记

三毛，中国台湾知名女作家、旅行家，本名陈平，原名陈懋平，英文名Echo，“三毛”是其后期的笔名。祖籍浙江定海（今舟山市定海区），出生于重庆，台湾文化大学肄业。其父陈嗣庆从事律师工作，母亲缪进兰为全职主妇。家中姐弟四人，大姐陈田心，大弟陈圣，小弟陈杰。

1943年

3月26日，出生于重庆。

1948年

全家由大陆迁居台湾，不久，进入小学读书。

1954年

考入台北第一女子中学。后因无法适应学校教育，感觉受到侮辱，一度退学。

1956年

一度复学，但很快正式退学。试图割腕自杀，幸而被救。

休学后在家由父母教授文化课程，兼修钢琴、绘画等，师从顾福生、邵幼轩等名家。家人为其求助心理医生，但收效甚微。

1962年

12月，文章《惑》经顾福生推荐，发表于白先勇主编的《现代文学》杂志第十五期，署名陈平。

1963年

文章《月河》发表于《皇冠》十九卷第六期。

1964年

在陈若曦的鼓励下，向文化学院（私立文化大学）董事长张其昀提出入学申请，获特许，在该院哲学系旁听，没有学籍，成绩优异。

1967年

因与梁光明（舒凡）恋爱、求婚受挫，赴西班牙留学，先学语言，半年后进入马德里康普顿斯大学学习。与当时正值高三的荷西·马利安·葛罗相遇，后就读于德国西柏林歌德书院，并取得德文教师证书。

不久，在美国芝加哥伊利诺伊州立大学图书馆工作。留学期间，交往过几位男友，但都是匆匆过客。

为赚钱做过导游、商店模特等工作，凭借所得收入，游历东德、波兰、南斯拉夫、捷克、丹麦等多地。

1970年

回到台湾。在张其昀的邀请下，进入文化大学德文系、哲学系任教。

1972年

与年长数岁的德国教师相恋，结婚前夜痛失未婚夫，感情受挫，服用安眠药自杀被救。

同年，再度前往西班牙。与荷西重逢。

1973年

三毛与荷西在非洲沙漠小镇结婚。

同年，应台湾《联合报·副刊》邀约，以“三毛”为笔名，在该报连载记录沙漠生活的文章，广受关注。

1976年

因当地政治因素，与荷西离开西属撒哈拉，前往加纳利群岛定居。

因车祸导致下身出血，曾回到台湾治疗。其间与多位文坛翘楚聚会，认徐訏为干爸。

1979年

9月30日，三毛父母前来探亲，中秋节当天，荷西在潜水时意外丧生。三毛在双亲陪伴下回到台湾。

不久，三毛返回加纳利群岛，开始孀居生活，曾担任美国驻加纳利领事馆秘书、小学英语教师等职。荷西去世后，三毛多次参加通灵活动，以求慰藉。

1981年

11月，在《联合报》的资助下，三毛与摄影师米夏开始中南美洲之行，到过哥伦比亚、古巴、洪都拉斯、玻利维亚等地，回台后多次进行公开演讲，捐献大部分收入，后出版《万水千山走遍》。

1982年

任文化大学中文系副教授，对待工作认真负责，深受学生喜爱。

1984年

因健康原因，辞去教职工作，前往美国游学、疗养。

1985年

年初，出席在新加坡举办的第二届“国际华文文艺营”和“新加坡华文文艺金狮文学奖大会”，结识了姚雪垠等大陆作家。出售加纳利群岛的房子。这一年，三毛在一场几千人的演讲会上演唱了《义勇军进行曲》，在公开场合表明爱国立场。

1987年

3月，出版有声书《三毛说书》；7月，出版有声书《流星雨》。

1988年

6月12日，三毛致函著名漫画家、《三毛流浪记》作者张乐平。同年，与倪竹青取得联系。

1989年

4月，三毛第一次回到大陆，到上海与张乐平见面，并住在张家，称呼其为“爸爸”。随后，在记者徐静波的陪同下，奔赴舟山老家探亲、祭祖，哭倒在祖父坟前。

9月，在台湾家中，从楼梯上跌下摔伤。养伤期间创作剧本《滚滚红尘》。

1990年

4月、9月，三毛两次踏上大陆的土地，游历多地，并与王洛宾见面。旅行后期由摄影师肖全陪同，并接受媒体采访。

12月15日，由三毛担任编剧的电影《滚滚红尘》入围台湾金马奖，三毛盛装出席，结果失望而归。

1991年

1月4日早晨，因病住院治疗的三毛被发现在台北荣总医院病房内逝世，终年48岁。警方公布其以丝袜自缢，但因疑点重重，至今死因成谜。

附录Ⅱ 参考资料

1.师永刚、陈文芬、沙林编著：《三毛1943—1991》，作家出版社，2011年。

2.三毛著：《稻草人手记》，哈尔滨出版社，2003年。

3.三毛著：《背影》，哈尔滨出版社，2003年。

4.三毛著：《倾城》，哈尔滨出版社，2003年。

5.三毛著：《我的宝贝》，哈尔滨出版社，2003年。

6.三毛著：《闹学记》，哈尔滨出版社，2003年。

7.三毛著：《我的快乐天堂》，哈尔滨出版社，2003年。

8.三毛著：《送你一匹马》，哈尔滨出版社，2003年。

9.三毛著：《梦里花落知多少》，哈尔滨出版社，2003年。

10.三毛著：《雨季不再来》，哈尔滨出版社，2003年。

11.三毛著：《我的灵魂骑在纸背上》，哈尔滨出版社，2003年。

12.三毛著：《撒哈拉的故事》，哈尔滨出版社，2003年。

13.三毛著：《哭泣的骆驼》，哈尔滨出版社，2003年。
14.三毛著：《亲爱的三毛》，哈尔滨出版社，2003年。
15.三毛著：《万水千山走遍》，哈尔滨出版社，2003年。
16.三毛著：《高原的百合花》，哈尔滨出版社，2003年。
17.白先勇著：《昔我往矣》，中华书局，2016年。
18.三毛著：《温柔的夜》，哈尔滨出版社，2003年。
19.眭澔平著：《三毛的最后一封信》，长江文艺出版社，2011年。